Hartmut Rupp / Gernot Meier / Andreas Wittmann

Digitalisierung und die großen Fragen

Unterrichtsbausteine für die Klassen 9 bis 13

Bestandteil dieses Materialienheftes sind Arbeitsblätter und PowerPoint-Präsentationen zum Download. Somit können Sie diese beliebig vervielfältigen und in vielen verschiedenen unterrichtlichen Settings verwenden.

Download unter: (bitte Groß- und Kleinschreibung beachten)
http://www.calwer.com/cwv/download/Digitalisierung_und_die_großen_Fragen
Code: rm4553WK21

calwer materialien

Hinweise:

Bild- und Textnachweise sind jeweils an entsprechender Stelle vermerkt.

Im Interesse des Textflusses und der Leserfreundlichkeit werden in diesem Materialienheft auch geschlechterspezifische Termini gebraucht. Diese beziehen selbstverständlich jeweils alle Geschlechter mit ein.

4553 Digitalisierung und die großen Fragen

E-80-4553-001 Digitalisierung und die großen Fragen: Transhumanismus (pdf/PPT)
E-80-4553-002 Digitalisierung und die großen Fragen: Roboter (pdf/PPT)
E-80-4553-003 Digitalisierung und die großen Fragen: Smartphone (pdf/PPT)
E-80-4553-004 Digitalisierung und die großen Fragen: Fake News (pdf/PPT)
E-80-4553-005 Digitalisierung und die großen Fragen: Das autonome Fahren (pdf/PPT)
E-80-4553-006 Digitalisierung und die großen Fragen: Digitalisierung und ihre Deutung (pdf/PPT)
E-80-4553-007 Digitalisierung und die großen Fragen: Social Scoring (pdf/PPT)
E-80-4553-008 Digitalisierung und die großen Fragen: Arbeit 4.0 (pdf/PPT)
E-80-4553-009 Digitalisierung und die großen Fragen: Medizin 2.0 (pdf/PPT)

Abkürzungen:

S*S = Schülerinnen und Schüler
L = Lehrkraft
AB = Arbeitsblatt
M = Materialien
PA = Partnerarbeit
PPT = PowerPoint

Umschlagfoto: © Hochschule Offenburg – mit freundlicher Unterstützung.
Die Hochschule Offenburg ist eine der führenden Hochschulen für Angewandte Wissenschaften mit dem eigenständigen Profil Technik, Wirtschaft und Medien. Mit einer qualifizierten und praxisbezogenen Lehre, der Bereitstellung einer persönlichen, zugewandten Lernumgebung, einer leistungsstarken Forschung und Entwicklung sowie engen Kooperationen mit der Wirtschaft fördert die Hochschule die Innovationsfähigkeit insbesondere in der Region am Südlichen Oberrhein und bildet national und international dringend benötigte Fachkräfte aus. Gerade auch der neue Studiengang Angewandte Künstliche Intelligenz (AKI) verspricht Studienabsolvent*innen eine verheißungsvolle Zukunft. Wenn Sie mehr über die Hochschule Offenburg erfahren wollen, folgen Sie gern dem QR Code … vielleicht werden Sie dann auch eine Begegnung mit dem Roboter Sweaty haben.

Bibliografische Information der Deutschen Bibliothek:

Die Deutsche Bibliothek verzeichnet diese Publikation in der Deutschen Nationalbibliografie;
detaillierte bibliografische Daten sind im Internet über *https://www.dnb.de* abrufbar.

ISBN 978-3-7668-4553-5

2. Auflage 2024

Satz und Herstellung: Karin Class, Calwer Verlag
Umschlaggestaltung: Karin Sauerbier, Stuttgart
Druck und Verarbeitung: OSDW Azymut

Internet: www.calwer.com
E-Mail: info@calwer.com

Inhalt

Digitale Materialien zum Download (bitte Groß- und Kleinschreibung beachten)
http://www.calwer.com/cwv/download/Digitalisierung_und_die_großen_Fragen
Code: rm4553WK21

- Karten zum Theologisieren
- PowerPoint-Präsentationen zum Theologisieren
- Linkliste zu den angegebenen Medien im Netz
- Lösungsvorschläge zur Erarbeitung einiger Filme/Beiträge
- Arbeitsblätter/Materialien zum Ausdrucken

Folgende digitale Unterrichtseinheiten zum Thema „Digitalisierung und die großen Fragen“ können ergänzend zu diesem Band eingesetzt werden. Sie finden diese unter www.calwer.com.

- Social Scoring
- Arbeit 4.0
- Medizin 2.0

Vorwort – zum fröhlichen Gebrauch der Unterrichtsmaterialien

Radikal Digital

Schulen, Erwachsenenbildung, Akademien, Kirchentage, Stiftungen, politische Parteien, schlichtweg alle gesellschaftlichen Akteur*innen befassen sich mit der Digitalisierung. Manche bezeichnen die Auswirkungen als Transformation und manche als Revolution – oder irgendetwas dazwischen. Das Thema Digitalisierung hat 2020 in Zeiten von Lockdown, Homeoffice und Homeschooling nochmals rasant an Fahrt aufgenommen. Egal ob Politiker*innen, Theolog*innen, Lehrkräfte, Journalist*innen, Musiker*innen oder Kraftfahrzeugmechaniker*innen ... die Veränderungen, welche die Digitalisierung mit sich bringt, betreffen die gesamte Menschheit und die Veränderungen sind genau so bedeutsam und einschneidend wie z.B. der Klimawandel. In beiden Themen haben wir Menschen es aktuell in der Hand, welche Richtung die Entwicklung nimmt. Auch die Reichweite der Fragen ist ähnlich: Die Frage unserer Lebensweise hinsichtlich des Temperaturanstiegs und die Fragen nach dem Umgang mit der Digitalisierung und der künstlichen Intelligenz (AI) sind lokal und global.

Was ist in der gegenwärtigen Zeit besonders und warum sollte man sich mit der Digitalisierung befassen, wenn schon nach wenigen Monaten die Entwicklung manche Utopie wieder eingeholt hat?
Den Autoren erscheint es wichtig darauf hinzuweisen, dass wir uns in der aktuellen Zeit an einem einzigartigen Schnittpunkt der Menschheitsgeschichte befinden: in einer Übergangszeit. Sicherlich sagten das alle Menschen zu jeder Zeit und drückten damit ihr Empfinden aus. Aber die Zeit, in der die Digitalisierung sich noch in Laboren und Denkfabriken bewegte, in der die Digitalisierung nun aus den großen Hallen langsam in die Gesellschaft und in unsere Westentaschen einsickert und das gesamte Leben vollständig verändert, ist gerade jetzt. Und nur die Menschen in der gegenwärtigen Zeit können dies erleben und den Anfang gestalten.
Wurzeln der Auseinandersetzung mit dieser neuen digitalen Zeit finden sich lange vor der Jahrtausendwende bei Künstler*innen, Filmemacher*innen und Science Fiction-Autor*innen und einigen Visionär*innen. Denkfiguren aus der europäischen Geistes- und Kulturgeschichte wurden und werden in und mit technischen Hypothesen zu techno-utopischen Narrationen verbunden. Prognostik, Utopie oder schon Phantasma – wer kann schon sagen, wo wir gerade aktuell angekommen sind – im realen Leben oder auf der digitalen Leinwand? In diesen politischen und gesellschaftlichen Diskussionen werden Hypothesen übernommen und durchaus auf eine naive Art mit technischen Begriffen und Modellen verwegen verbunden, sodass manchen Informatiker*innen die Haare zu Berge stehen. Auch von religiösen Narrationen der Unsterblichkeit, der Hölle oder des Paradieses, inklusive aller möglichen naturalistischen Bilder dazwischen, wird nicht abgelassen. Die Konsequenzen sieht man beispielsweise in Zeitschriftentiteln wie: „KI – Heilsbringer oder Vernichter der Menschheit?“

Der besondere zeitgeschichtliche Moment hält für Pädagoginnen und Pädagogen in schulischer und außerschulischer Bildung eine vierfache Aufgabe bereit:

1. (Digitale) Kulturtechniken selbst zu erlernen und zu beherrschen, und dabei
2. Kulturtechniken, die 2000 Jahre alt sind, in gleicher Weise wertzuschätzen wie die neuen. (Da die bisherigen Schwerpunkte aufgrund des Alters der Leser*innen sicher unterschiedlich sind, gilt es zunächst immer das Unbekannte zu erlernen.)
3. Es gilt, überlieferte Themen und Fragestellungen in den neuen Gewändern der Technologie zu entdecken, die jeweiligen Thematisierungen und Bearbeitungen zu erkennen und gegebenenfalls zu entlarven und einzuordnen und
4. klar zu verstehen, dass uns etwas gegenübertritt, was in der Menschheitsgeschichte bisher so nicht bekannt war: Eine technische Entität, die eigene Handlungsmacht entwickelt hat und sich weiter entwickeln wird, dessen Entwicklung wir aber beeinflussen können und müssen. Sonst könnte sich das bewahrheiten, was der Drum'n' Base und Dupstep Produzent Metrik in seinem aktuellen Stück (2020) sagte: „In the beginning there was man ... then man made the machine ... then the machine become God.“

„Es werde Licht ...“

Viele aktuelle Thematisierungen und Diskussionen zum Thema Digitalisierung gehören zum Set und Repertoire der Gegenwartskultur. Zugrunde liegen meist literarische oder geistesgeschichtliche Motive und so ist es mehr als nur verständlich, dass in den utopischen oder dystopischen Narrativen um die zukünftige Entwicklung der Technologie die großen Fragen der Menschheit angesprochen werden: Es geht um den Menschen, die Maschine, die Technik, Leben, Tod, Auferstehung, Gerechtigkeit, Teilhabe, Friede, Liebe und Leidenschaft.

Es sind Roboter zu finden, die wie Menschen gestaltet wurden, ebenso wie Menschen, die so aussehen wie Roboter. Hologramme „opfern“ sich in fiktionalen Filmen intentional aus Liebe und Menschen gehen in der „realen Welt“ öffentliche Liaisons mit Sexpuppen ein. Die medialen Vorläufer schöpfen aus der europäischen Motivgeschichte: Schon 1927 gab es den Maschinenmensch Maria in Metropolis. Zu nennen ist das Oeuvre von Stanislav Lem und Isaac Asimov, William Gibson mit der sogenannten Neuromancer-Trilogie, Philip K. Dick mit seinem für viele Filme sehr wichtigen Werk „Do Androids Dream of Electric Sheep?“. Die Terminator-Reihe hat am (bisherigen) Ende das Motiv, dass eine Mensch-Maschine sich als Opfer für das Weiterleben aller Menschen hingibt. 1968 fragte HAL, ein Rechner in Stanley Kubricks Film „2001: A Space Odyssey“ seinen Programmierer, ob er eines Tages werde träumen können und singt, als er abgeschaltet wird, ein Kinderlied. Die vielen Staffeln der Serien Star Trek, Raumschiff Enterprise, Star Wars etc., thematisieren aufgrund ihrer langen Entstehungs- und Laufzeit (z.B. Enterprise TNG 1987–1994) jeweils aktuelle Fragen und projizieren die Lösungen in eine Zukunft. Unbegrenztheit der Handlungsoptionen und die Verantwortung daraus wird mit der Figur „Q“ in „Enterprise – The Next Generation“ oder auch „technisches Leben“ mit Commander Data (Brent Spiner) thematisiert. Und in dieser kleinen Aufzählung darf die Bombe Nr. 20 in Stanley Kubricks Film „Dark Star“ nicht fehlen die, nachdem sie länger über sich selbst und ihre eigene Existenz nachgedacht hat, zum Schluss gekommen ist, dass sie alleine im Universum ist und kurz vor der eigenen Detonation sagt: „Es werde Licht.“

… aber ward es Licht?“

In den letzten Jahrzehnten wurde erlaubt und gefördert, dass sich multinationale Konzerne immer mehr in gesellschaftspolitische Fragen einmischen und sie bestimmen. Auch das ist eine Facette der digitalen Revolution. Die multinationalen Konzerne haben mit viel technischem, psychologischem und pädagogischem Aufwand Verfahren entwickelt, uns User*innen zu lenken und zu beeinflussen. „Vollkommenheit“, „Schönheit“ oder „geliebt werden“ wird direkt mit dem Konsumieren von Produkten verbunden oder Entscheidungen für oder gegen eine politische Meinung kann durch Aktionen auf digitalen Plattformen klar beeinflusst werden. Die Technologie berechnet, welche Information nun die User*innen in eine bestimmte Richtung schubsen könnte. Den User*innen selbst bleibt dieses Vorgehen intransparent. Diese wenigen Beispiele zeugen von einer Umgestaltung des Konzeptes Mensch.

Politiker*innen und die Verwaltung sehen oftmals in der Digitalisierung einfach einen Medienwechsel und finanzieren iPads in der irrigen Vorstellung, alles andere und der reflektierte Umgang komme von selbst.

Von der Schule und der Lehrkraft wird nun gesellschaftlich und politisch erwartet, was bisher keiner kann und weiß: Die Vorbereitung der Schüler*innen auf eine Zukunft, die selbst hartgesottene Prognostiker*innen oder Utopist*innen eher auswürfeln als konkret überlegen.

So ist unser Anliegen, Sie in der konkreten Arbeit mit diesem Materialienheft zu unterstützen, das Thema Digitalisierung lebensnah und reflexiv zu unterrichten und die Schüler*innen gleichzeitig für eine noch unbekannte Zukunft vorzubereiten.

Unterrichten mit den vorliegenden Unterrichtsmaterialien

1. Annahmen

Die Unterrichtsmaterialien „Digitalisierung und die großen Fragen" gehen davon aus, dass die Digitalisierung nicht nur die Lernformate in der Schule ändert, sondern auch Konsequenzen für die Lerninhalte hat. Digitalisierung stellt einen epochalen Wandel dar (s.o. Radikal Digital), der die Lebensverhältnisse aller Menschen grundlegend verändert. Davon betroffen sind auch grundlegende Überzeugungen, aufgrund derer die Menschen ihr Leben gestalten und führen. Wie auch einschlägige Publikationen zeigen[1], wirft Digitalisierung grundlegende Fragen auf, die sorgfältiges Nachdenken verdienen und bedachte Antworten brauchen. Dies möchten wir mit dem Titel dieser Publikation deutlich machen.

2. Die Aufgabe des Religionsunterrichts

Davon ausgegangen wird, dass die Digitalisierung auch den Religionsunterricht dazu herausfordert, einen eigenen Beitrag zu leisten. Dieser Beitrag wird hier in der Identifikation und Bearbeitung großer Fragen gesehen und deren Reflexion unter Einbeziehung der biblisch-christlichen Tradition. Dies entspricht der Schultheorie von Jürgen Baumert, die die Auseinandersetzung mit grundlegenden Fragen (Wer bin ich? Was soll das Ganze? Was kommt auf uns zu? Wie wollen wir leben?) als Aufgabe der Schule und Teil der Allgemeinbildung bestimmt.[2] Diese grundlegenden Fragen werden in der Philosophie als „große Fragen" bezeichnet[3], die sich auf grundlegende Überzeugungen und Gewissheiten beziehen, die das Selbst- und Weltverständnis von Menschen prägen. In dieser Auseinandersetzung mit den großen Fragen und dem Einbezug der biblisch-christlichen Tradition unterscheidet sich der Religionsunterricht von anderen Fächern wie z.B. Informatik oder Gemeinschaftskunde. Der Religionsunterricht erweist sich so in der Schule als „das kleine Fach mit den großen Fragen".

3. Kompetenzen

Die Unterrichtsmaterialien „Digitalisierung und die großen Fragen" tragen zum Erwerb einer ganzen Reihe von Kompetenzen bei. Allen voran geht es um die grundsätzlichen Fähigkeiten „Situationen erfassen [zu können], in denen die letzten Fragen nach Grund, Sinn, Ziel und Verantwortung des Lebens aufbrechen" und „den Geltungsbereich biblischer und theologischer Texte erläutern und sie in Beziehung zum eigenen Leben und zur gesellschaftlichen Wirklichkeit setzen" [zu können].[4]

4. Die Unterrichtseinheiten

In den vorliegenden Unterrichtsmaterialien werden sechs Unterrichtseinheiten vorgelegt. Themen sind: Transhumanismus, Smartphone, Fake News, Roboter, autonomes Fahren und Deutungen der Digitalisierung. Im digitalen Bereich (www.calwer.com) finden sich drei weitere Unterrichtseinheiten zu den Themen Arbeit, Sozialkreditsystem und Medizin. Diese Einheiten können zu einer größeren Unterrichtseinheit zusammengefügt werden. Sie können in den Schuljahren 9–12 (bzw. 13) je nach Situation und Anforderung auch einzeln eingebracht werden. So kann das Thema „Transhumanismus" in die Auseinandersetzung mit Aspekten des biblischen Menschenbildes in der Kursstufe eingebunden werden. Die Unterrichtseinheit „Autonomes Fahren" kann eine hilfreiche Rolle bei der Erörterung einer deontologischen und teleologischen Ethik spielen (Klasse 9/10; 11/12). Bausteine aus der Unterrichtseinheit „Roboter" können bei dem Thema „Freiheit und Verantwortung" oder „Menschenwürde" eingebracht werden. Die Deutungen der Digitalisierung können bei der Auseinandersetzung mit unterschiedlichen Deutungen der Wirklichkeit (9/10; 11/12) zentral sein.

1 Vgl. u.a. Julian Nida-Rümelin/ Nathalie Weidenfeld, Digitaler Humanismus. München 2018; Sarah Spiekermann, Digitale Ethik. Ein Wertesystem für das 21. Jahrhundert, München 2019; Yuval Noah Harari, Dominus Deus. Eine Geschichte von morgen, München 2018; Richard David Precht, Jäger, Hirten, Kritiker. Eine Utopie für die digitale Gesellschaft, München 2018; ders., Künstliche Intelligenz und der Sinn des Lebens, München 2020; Volker Jung, Digital Mensch bleiben, München 2018.

2 Nach Baumert hat die Schule vier Weltzugänge zu eröffnen: den naturwissenschaftlich-mathematischen, den sprachlich-musischen, den gesellschaftspolitischen und den philosophisch-religiösen Weltzugang. In Letzterem geht es um „Probleme konstitutiver Rationalität", vgl. Jürgen Baumert, Deutschland im internationalen Bildungsvergleich, in: Nelson Killius / Jürgen Kluge / Linda Reisch (Hg.), Zukunft der Bildung, Berlin 2002, 101–150.107.

3 Franz von Kutschera, Die großen Fragen. Philosophisch-theologische Gedanken, Berlin/New York, 2000, V–VII.

4 Diese Kompetenzen gehören zu den sog. „prozessbezogenen" bzw. „grundlegenden Kompetenzen" religiöser Bildung wie sie den meisten Bildungsplänen zugrunde liegen, vgl. Kirchenamt der EKD (Hg.), Kerncurriculum für das Fach Evangelische Religionslehre in der gymnasialen Oberstufe, EKD Texte 109, Hannover 2010, 19–21.

5. Aufbau

Die vorgelegten Unterrichtseinheiten gehen von konkreten Entwicklungen der digitalen Technik aus und schließen an die öffentliche Debatte an. Sie haben alle den gleichen Aufbau und folgen einem bestimmten didaktischen Modell. Sie richten sich an die Klassen 9 bis 12 bzw. 13 in Realschulen, Gemeinschaftsschulen, Berufsschulen sowie allgemeinbildenden und berufsbildenden Gymnasien. Einzelne Einheiten (z.B. Smartphone und Fake News) lassen sich auch in Klassenstufe 7 und 8 einsetzen. Alle Unterrichtseinheiten bieten:

Printband:
- eine einführende Information für die Lehrkraft
- Unterrichtsbausteine für eine Lernsequenz von 6–10 Stunden
- Unterrichtsmaterialien zum Kopieren

Digital (Zugang zum Download auf Seite 1):
- Karten zum Theologisieren
- PowerPoint-Präsentationen zum Theologisieren
- Linkliste zu den angegebenen Medien im Netz
- Lösungsvorschläge zur Erarbeitung einiger Filme/Beiträge
- Arbeitsblätter/Materialien zum Ausdrucken

Das didaktische Modell folgt dem Ansatz eines kompetenzorientierten Religionsunterrichts. Dieses geht von inhaltlichen Kompetenzen aus, zeigt Anforderungssituationen auf, die den Erwerb dieser Kompetenzen „anfordern“ und den Kompetenzstand erheben lassen, bietet Lernaufgaben zum Kompetenzerwerb und sieht Möglichkeiten der Evaluation vor. Im Kern verknüpft das didaktische Modell eine analytische Auseinandersetzung mit konkreten Feldern der Digitalisierung mit einem darauf bezogenen Theologisieren. Scharnier sind die „großen Fragen“. Die Antworten darauf bilden grundlegende Überzeugungen, die bewusst oder unbewusst Erleben, Urteilen und Handeln prägen. Deutlich wird, dass es den Unterrichtseinheiten nicht einfach um Ethik geht, sondern um grundlegende Sichtweisen von Wirklichkeit, die ethische Orientierungen begründen.

6. Die einzelnen Lernschritte

1. Ausgangspunkt ist in allen Unterrichtseinheiten eine inhaltliche Kompetenz sowie eine Anforderungssituation, die die Aktualität des Themas und die Lebensrelevanz der intendierten Kompetenzen entdecken lässt. Kompetenzen dienen dazu, um mit Lebenssituationen eigenständig und verantwortlich umgehen zu können. Anforderungssituationen dienen zugleich der Aktivierung der Schüler*innen und erlauben eine Lernstandserhebung.
2. Dem folgt ein kurzer Schritt, in dem die Kompetenzerwartungen sowie die weiteren Lernschritte vorgestellt und eine kooperative Unterrichtsplanung ermöglicht wird.
3. Die folgenden Bausteine dienen der bedachten Analyse eines besonderen Feldes der Digitalisierung, in der der aktuelle Entwicklungsstand sowie seine Chancen und Risiken herausgearbeitet werden. Bewusst wird hier auf digitale Medien (vor allem Videos) geachtet, die Anschaulichkeit gewährleisten, zusätzliche eigene Recherchen erlauben und künftige Anpassungen ermöglichen. Digitalisierung entwickelt sich ständig und immer schneller weiter. Ergänzend dazu gibt es in den Materialien Kopiervorlagen mit vertiefenden und sichernden Texten samt Aufgaben. Dieser Schritt kann im Fächerverbund auch von anderen Fächern vollzogen werden. Im Zuge dieser Auseinandersetzung sollte immer wieder auf grundlegende Fragen geachtet und diese gesammelt werden.
4. Diese grundlegenden Fragen werden in dem nächsten großen Schritt eigens zum Thema gemacht, was ein anderes Vorgehen verlangt. Gerade jetzt zeigt sich das Spezifische des Religionsunterrichts, als „das kleine Fach mit den großen Fragen“.
   Die Lehrkraft legt die grundlegenden Fragen vor, die sich im Laufe der Auseinandersetzung ergeben haben, und erläutert sie kurz. Die Schüler*innen können unter diesen Fragen auswählen und weitere einbringen. Eine Karte ist immer leer, was als Aufforderung zu verstehen ist, weitere Fragen zu entwickeln.
   Sodann geht es um ein nachdenkliches Gespräch im Stuhlkreis über diese Fragen. Es wird theologisiert. Die Schüler*innen können und sollen ihre eigenen grundlegenden Sichtweisen aktiv entwickeln und diskursiv miteinander erörtern. In den Dialog sollten jedes Mal auch Perspektiven des christlichen Glaubens im Sinne einer „Theologie für Jugendliche“ eingebracht werden.[5] Sie soll als eine Option eingebracht werden, die den Anspruch erhebt, hilfreich zu sein.
   Dazu gibt es in den Materialien ***Impulse***, die sich auf einen (kursiv gesetzten) Kontext beziehen. Diese sollen Jugendliche in ihrer Welt abholen und neben anderen Sichtweisen vor allem Perspektiven des christlichen Glaubens formulieren. Jedes Mal wird darauf geachtet, dass dabei auch auf biblische Erzählungen verwiesen wird, die bei Bedarf entfaltet werden können. Die Impulse schließen mit einem Vorschlag zur Beantwortung der Frage, der jedoch der Erörterung bedarf. Ziel ist die Bildung eigener Sichtweisen in Auseinandersetzung mit biblisch-christlichen Perspektiven.

---

5 Vgl. Dieterich, Veit-Jakobus: Theologisieren mit Jugendlichen. Ein Programm, in: ders. (Hg.): Theologisieren mit Jugendlichen. Ein Programm für Schule und Kirche, Stuttgart 2012, 31–50.42

Diese Impulse sind als Hilfen für das Theologisieren konzipiert. Sie werden im Printmedium als kompakter Gesamttext und im digitalen Zusatzmaterial in Form von Moderationskarten angeboten. Darüber hinaus gibt es zu jedem Impuls eine PowerPoint-Präsentation, die als eine Art Einspieler fungieren kann.
Die Lehrkraft kann diese Impulse mit eigenen Worten einbringen, Schritt für Schritt im Gespräch erörtern, u.U. auch vorlesen. Denkbar ist jedoch auch, dass diese Impulse von Schüler*innen-Tandems erarbeitet und im gemeinsamen Gespräch vorgestellt werden.
Empfohlen wird, diese Impulse möglichst als eigene Sicht der Lehrkraft einzubringen, sodass diese sich als exemplarischer Christenmensch erkennbar macht und bei Bedarf persönlich Rückfragen beantworten kann. Dahinter steht die Auffassung, dass Glaubensaussagen im Unterschied zu naturwissenschaftlichen Aussagen persönlich bedeutsame Aussagen sind.
Selbstverständlich sind in den Impulsen Änderungen möglich und ebenso selbstverständlich sind eigene Formulierungen sinnvoll. Zudem ist damit zu rechnen, dass sich noch einmal ganz andere Fragen im Gespräch ergeben, die dann eine kompetente Lehrkraft brauchen.

5. Das Modell schließt mit einer Ergebnissicherung, die es ermöglicht, den Kompetenzerwerb einzuschätzen. Jedes Mal wird vorgeschlagen, die Schüler*innen zu einem „Meme“ zu ermutigen, d.h. zu einem digitalen Schnipsel mit einem Bild und einem kurzen Text. Das Gespräch darüber dürfte zeigen, zu welchen Lernergebnissen die Unterrichtseinheit geführt hat – und was gegebenenfalls zu ergänzen ist.

Zur Arbeit mit den PowerPoint-Präsentationen

Im digitalen Bereich von „Die Digitalisierung und die großen Fragen“ werden für alle Unterrichtseinheiten Präsentationen zur Verfügung gestellt. Ihre Anlage und Gestaltung verdanken sich einer didaktischen Idee, die folgendermaßen beschrieben werden kann:

- Nach der Auseinandersetzung mit einem Thema stellt die Lehrperson grundlegende Fragen vor, die sich im Zuge der Auseinandersetzung gezeigt haben, bzw. die sich jetzt stellen. Die Schüler*innen versammeln sich in einem Halbkreis. Jetzt kann die Präsentation „Fragen und Zusammenhänge“ vorgestellt und bei Bedarf ergänzt werden. Jedes Mal werden die grundlegenden Fragen mit ihrem Kontext begründet.
- Die Schüler*innen erörtern nun, welche Frage sie bearbeiten möchten. Nach einer kurzen Entscheidungsphase eröffnet die Lehrperson das nachdenkliche Gespräch (Theologisieren) mit Hilfe der Karteikarten. Mit der Folie „Worüber nachzudenken ist“ gibt sie einen Überblick über den Impuls. Vergleichbar sind diese Inputphasen mit den Einspielern bei einer Talkshow.
- Erwartet wird, dass sich die Schüler*innen in das Gespräch mit ihren Sichtweisen einbringen. An einem von der Lehrperson zu bestimmenden sinnvollen Zeitpunkt kann diese die PowerPoint-Präsentation selbst vorstellen oder durch Schüler*innen vorstellen lassen. Nach jeder Folie kann das Gespräch weitergeführt werden bis man zu einem abschließenden Fazit gelangt. Die letzte Folie fordert jedes Mal dazu heraus, offen gebliebene Fragen zu formulieren.

Alternatives Vorgehen:

- Denkbar ist, dass die Schüler*innen arbeitsteilig alle Fragen bearbeiten und dazu die Impulstexte oder die Moderationskarten sowie die PowerPoint-Präsentation an die Hand bekommen. Hierzu stehen die Präsentationen auch als pdf (z.B. für iPad) zu Verfügung. Ihre Aufgabe besteht dann darin, ein nachdenkliches Gespräch mit dem von ihnen vorbereiteten Impuls zu eröffnen.

Selbstverständlich ist ein solches Unterrichtsgespräch auch ohne PPts in analoger Form möglich.

Im Downloadbereich befindet sich eine Linkliste, in der Sie alle im Band genannten Links bequem anklicken können.

Wie wir alle wissen, ändern sich Links häufig, sodass hier sicherlich immer wieder mancher Link auf eine leere Seite führen wird. Daher haben wir immer auch die Quelle/Namen mit angegeben, sodass über die Suche Materialien gefunden werden können.

Wir werden die Linkliste jedoch auch regelmäßig prüfen und aktualisieren.

Im Downloadbereich sind auch alle Materialien/Arbeitsblätter als Word-Datei verfügbar, sodass Sie selbst QR-Codes austauschen können, falls dies notwendig sein sollte.

Vielen Dank für Ihr Verständnis!

Transhumanismus

Was bedeutet Transhumanismus?

Der Begriff „Transhumanismus“ wurde zum ersten Mal 1957 von dem Biologen und Vordenker der Allgemeinen Erklärung der Menschenrechte Julian Huxley verwendet. Der mit dem Begriff verbundenen philosophischen Denkrichtung geht es um die „Transzendierung“ des Menschen. Durch das Verschmelzen von Mensch und Maschine werden die intellektuellen, physischen und psychischen Grenzen des Menschen überschritten und somit eine neue Stufe der Evolution erreicht. Leitend ist dabei ein Menschenbild, wonach Menschsein bedeutet, „über sich selbst hinauszuwachsen“ (Ray Kurzweil, Menschheit 2.0, 517).

Die Optimierung des Menschen …

… bis heute

Die Nutzung technischer Geräte bei der Behandlung menschlicher Beeinträchtigungen wie z.B. Brillen, Hörgeräte, Orthesen, Prothesen, Herzschrittmacher, künstliche Gelenke, Cochlea Implantate, Insulinpumpen… sind für uns selbstverständlich geworden. Heißt das, dass wir bereits „Mischwesen“ aus Mensch und Maschine sind? Macht uns z.B. unser symbiotischer Gebrauch unserer Handys zu einem „Mensch-Maschine-System“ und damit zu „Cyborgs“ (**cyb**ernetic **org**anism = kybernetischer Organismus; nicht zu verwechseln mit Androiden oder Robotern)?

… in naher Zukunft

Durch den enormen Fortschritt in Medizin und Technik wurde in den letzten Jahren der Bereich der medizinischen Hilfe dort überschritten, wo mit Hilfe digitaler Technik die natürlichen Fähigkeiten des Menschen erweitert werden. Dabei geht es also nicht mehr nur darum, Kranke zu heilen, sondern in der Zukunft die Gesunden zu optimieren (Harari, Homo Deus, 551). Dies soll zum Beispiel durch implantierte Chips im Gehirn geschehen, die die Müdigkeit unterdrücken, Aufmerksamkeit erhöhen oder das moralische Verhalten beeinflussen können. Man spricht hier von „Neuroenhancement“. Erprobt wird die Implantation eines Chips im Finger, um damit ein Auto zu starten oder die Haustür zu öffnen – aber auch die Integration von Displays in Brillen und Kontaktlinsen, durch die Bilder direkt auf die Netzhaut projiziert werden können. Dazu gehören auch Interventionen, die die Alterung verlangsamen, der Einsatz von Nanobots (**Nano**ro**bot**er = winzige Roboter), um Nährstoffe direkt ins Blut zu befördern, den Nährstoffwechsel zu kontrollieren, aber auch Krankheitserreger zu zerstören und Genfehler zu korrigieren.

… mit Hilfe von KI

Die nächste Stufe wäre dann eine direkte Kommunikation mit Formen der Künstlichen Intelligenz zu ermöglichen. Die Entwicklung von Gehirn-Computer-Schnittstellen erlauben dann das Hochladen des menschlichen Bewusstseins in digitale Speicher. Was wie aus einem Science-fiction-Film klingt, soll in Ansätzen an Tieren bereits erprobt worden sein.

Transhumanismus als neue Stufe der Menschheitsentwicklung

Der Transhumanismus stellt sich heute selbst als weltweite Bewegung dar, der es um das Erreichen einer neuen Stufe der Menschheitsentwicklung geht. Ihr Programm findet sich in der „Transhumanen Deklaration“ von 1998 (https://transhumane-partei.de/transhumane-deklaration/). Danach geht es um die „Überwindung menschlicher Beschränkung“ „durch die Heilung des Alterungsprozesses, Erweiterung der geistigen Fähigkeiten, die Abschaffung unfreiwilligen Leids und letztlich die Expansion menschlicher Zivilisation über die Erde hinaus in den Kosmos“. Kurz gesagt geht es um den „optimierten Menschen“ (Harari, Homo Deus, 2018, 536). Im Näheren geht es um eine Neugestaltung des Gehirns, die z.B. eine direkte, drahtlose Kommunikation von Gehirn zu Gehirn ermöglicht, um das Scannen des Gehirns und Hochladen in einen Computer, um den Ersatz von so anfälligen Organen wie Herz und Lunge durch den Einsatz von Nanobots (Ray Kurzweil, Menschheit 2.0, 310f), was zu einer Steigerung der Lebenserwartung bis hin zur Unsterblichkeit führen soll (ebd., 304).

Akteure

Die Entwicklung des Transhumanismus wird vor allem durch die Unternehmen in der Neuromedizin, aber auch in Forschungen des Militärs vorangetrieben.
Es gibt einen Verband der Transhumanisten, die World Transhumanist Association und einige Webseiten zu diesen Themen (https://humanityplus.org).

Bewertungen

Der Transhumanismus wird unterschiedlich eingeschätzt. Harari sieht in ihm, wie z.B. auch Kurzweil, einen weiteren Schritt in der Evolution des Lebens und eine neue Epoche in der Geschichte der Welt, die letztlich in das Zeitalter des „Dataismus“ (Harari) mündet. Dann ist alles nur noch ein Teil eines unablässigen Datenstroms, in dem die Algorithmen bestimmen. Nida-

Rümelin hingegen sieht im Transhumanismus das Wiedererwachen des uralten Menschheitstraums, sich über die Bedingungen menschlichen Lebens (conditio humana) hinwegzusetzen sowie das Ausleben regressiv-narzisstische Allmacht- und Unverwundbarkeitsfantasien (Nida-Rümelin/Weidenfeld, Digitaler Humanismus, 2018, 194). Andere sehen darin eine „Selbstvergottung des Menschen" und einen „modernen Götzendienst" (Jörg Herrmann, Ihr werdet sein wie Gott, Zeitzeichen 10/2019, 52).

Chancen und Risiken (SWOT-Analyse)
Ohne Frage wird man sagen können, dass die technologische Entwicklung der Menschheit immer schon radikale Utopien brauchte, um menschliche Lebensverhältnisse entscheidend zu verbessern. Dies könnte auch hier der Fall sein. Ganz gewiss wird man die medizinisch-technischen Fortschritte angesichts von Einschränkungen und Beeinträchtigungen menschlichen Lebens, wie z.B. den in der Zukunft zu erwartenden Einsatz von Nanorobotern bei Krebserkrankungen, bejahen können. Hier geht es um Leidminderung.
Risiken wird man in der Spaltung der menschlichen Gesellschaft in optimierte und nicht optimierte Menschen sehen können, in dem Verlust von Diversität (Verschiedenartigkeit) sowie einen massiven Leistungsdruck auf alle, sich zu optimieren, um mithalten zu können (Miriam Meckel, Mein Gott gehört mir, 2019). Generell wird man sagen können, dass eine solche Entwicklung sehr teuer ist und dazu führen kann, dass andere Bereiche des Lebens (Programme gegen Hunger, Versteppung, für Klimaschutz) nicht mehr ausreichend finanziert werden können. Angesichts der Radikalität einiger Utopien (z.B. Aufhalten des Alterns und Lebensverlängerung bis hin zur Unsterblichkeit) werden wohl einige Hoffnungen enttäuscht werden.

Theologische Reflexion

Der Transhumanismus wirft grundlegende Fragen auf:
- Was macht den Menschen zum Menschen?
- Welche Aufgabe hat der Mensch in der Welt?
- Welche Grenzen haben Menschen?
- Was ist Sünde?

Diese Fragen berühren zentrale Motive der biblisch-christlichen Anthropologie. Es geht um den Menschen als Geschöpf und Ebenbild Gottes, um den Schöpfungsauftrag, um das Verständnis guten Lebens. Es geht um Sünde im Sinne von Selbstverfehlung und eines Irrweges.

Zentral ist die Geschöpflichkeit des Menschen. Sie qualifiziert den Menschen als Gegenüber Gottes, als Geschöpf unter anderen Geschöpfen und als begrenztes, endliches Wesen. Unsterblichkeit ist von daher nicht denkbar. Die Fähigkeit, souverän alles kontrollieren zu können, ist ein Irrtum. Dennoch liegen die Grenzen nicht einfach fest und auch nicht immer auf der Hand. Sie müssen immer wieder neu gefunden und beachtet werden. Zentral ist auch der Schöpfungsauftrag. Er beinhaltet die Aufgabe, die Welt und anderes Leben, aber auch eigenes Leben (mit)zugestalten. Der Mensch ist immer auch Mitschöpfer*in. Dies schließt die Aufgabe ein, alles zu tun, was dem Menschen nützt – und dabei auch Grenzen zu überschreiten – wenn es realistisch und zu verantworten ist.

Bausteine für den Unterricht

Kompetenzziel: S*S können die Bewegung des Transhumanismus darstellen, grundlegende Fragen erörtern und aufgrund der Auseinandersetzung mit philosophischen und theologischen Positionen einen begründeten Standpunkt einnehmen.
Zeitaufwand: 7 bis 9 Stunden

Materialien und Arbeitsblätter:
M 1 Anforderungssituation: Neil Harbisson – Spinner oder Vorbild?
M 2 Interview mit Neil Harbisson
M 3 Ray Kurzweil: Der Mensch 2.0
M 4 Ray Kurzweil im Gespräch
M 5 Der Transhumanismus in der Diskussion
M 6 Impulse zum Theologisieren

Baustein 1: Anforderungssituation: Neil Harbisson – Spinner oder Vorbild?

Zeitaufwand: 1 Stunde

a) L stellt die Situation vor (**M 1**) – evtl. Vergleich mit den Anforderungen eines biometrischen Passbildes. Zur Unterstützung der automatischen Gesichtserkennung wird ein neutraler Gesichtsausdruck mit geschlossenem Mund gefordert.
b) S*S erarbeiten eine Stellungnahme mit Hilfe der Methode Ich-Du-Wir. Würde ich Neil Harbisson zum Freund wollen?

Baustein 2: Interview mit Neil Harbisson

Zeitaufwand: 1 Stunde

a) Interview mit verteilten Rollen darstellen (**M 2**).
b) Fragen benennen und erörtern, wie man sich selbst gerne verändern möchte.
c) In Partnerarbeit den Menschen Neil Harbisson beurteilen: Künstler – Spinner – Vorbild – der Mensch der Zukunft? Anschließend Rundgespräch.

Baustein 3: Auseinandersetzung mit einem Video über Transhumanismus

Zeitaufwand: 1 Stunde

a) S*S schauen sich folgendes Video gemeinsam an und tauschen sich dann aus:
   - Quarks & Co/WDR: Transhumanismus – Mensch 2.0
     https://www.youtube.com/watch?v=IDm0uSvZRHQ (5.12 min; 14.03.2024)
b) Video zum zweiten Mal ansehen und untersuchen,
   - worum es grundsätzlich bei dem Thema Transhumanismus geht,
   - was Transhumanismus konkret anstrebt,
   - welche Fragen sich stellen.
c) In Partnerarbeit die Einsichten zusammenstellen. (Lösungsblatt dazu im Download-Bereich)
d) Austausch im Klassengespräch. Erste Beurteilung. Sammlung von offenen Fragen.

Baustein 4: Auseinandersetzung mit Ray Kurzweil

Zeitaufwand: 1–2 Stunden

a) Zu den Zukunftserwartungen von Kurzweil (**M 3**) einen Zeitstrahl entwerfen, diesen mit Fragezeichen (Das finde ich fragwürdig) und Ausrufezeichen (Das finde ich wichtig) versehen. (Lösungsblatt dazu im Download-Bereich)
b) Beispiele recherchieren, die heute das Verschmelzen von Mensch und Maschine zeigen, z.B. die Arbeit des Unternehmens Neurolink von Elon Musk.

- ZEIT ONLINE: Elon Musk demonstriert Minicomputer fürs Gehirn https://www.zeit.de/wissen/2020-08/neuralink-elon-musk-gehirn-chip-verbindung-smartphone-funktioniert (14.03.2024)
- WIRTSCHAFT: „Es ist wie ein Fitbit mit feinen Drähten in Ihrem Kopf" https://www.welt.de/wirtschaft/article214600180/Neurolink-Elon-Musk-baut-Prototyp-fuer-Verbindung-zwischen-Gehirn-und-Handy.html (14.03.2024)

c) In einem von Kurzweil selbst verfassten fiktiven Gespräch (**M 4**) in Einzelarbeit mit Farben Anfragen und Gegenargumente herausarbeiten.
d) Ergebnisse austauschen und die bisherige Beurteilung überprüfen.

Baustein 5: Unterschiedliche Positionen zum Transhumanismus

Zeitaufwand: 1 Stunde

a) Unterschiedliche Positionen zum Transhumanismus (**M 5**) mit Hilfe der Methode Gruppenpuzzle erarbeiten.
b) Ergebnisse austauschen, beurteilen und offene Fragen formulieren. (Lösungsblatt dazu im Download-Bereich)

Baustein 6: Theologisieren

Zeitaufwand: 1–2 Stunden

a) L stellt die „großen Fragen" vor, die sich in den vorangegangenen Gesprächen ergeben haben. Zu diesen gehören:
   - Was macht den Menschen zum Menschen?
   - Welche Aufgabe hat der Mensch in der Welt?
   - Welche Grenzen haben Menschen?
   - Was ist Sünde?

   Weitere Fragen können sein: Wie lange möchte ich leben? Was unterscheidet eine intelligente Maschine von einem Menschen? Wie geht es weiter mit der Welt? Was steckt hinter dem Transhumanismus? Was ist gutes Leben? Was ist von der digitalen Technik zu halten?
b) Im Stuhlkreis werden ausgewählte Fragen erörtert. Die L bringt Impulse mit biblisch-christlichen Perspektiven ein (**M 6 a–d**).

   Alternativ:

   Die S*S bearbeiten jeweils zwei Fragen mit Hilfe der Methode Placemat. Nach dem ersten Durchgang werden die Gruppen neu gebildet.

   Die S*S stellen ihre Antworten vor und erörtern sie miteinander (Theologisieren). Je nach Verlauf werden die Impulstexte mündlich oder schriftlich als Anregung eingebracht bzw. mit Hilfe der PowerPoint-Präsentationen besprochen.

Hierzu gibt es passende Karten (pdf) und PPT-Präsentationen im Downloadbereich

Baustein 7: Evaluation

Zeitaufwand: 1 Stunde

S*S formulieren ihre persönlichen Lernergebnisse als Meme oder in einer anderen Form und stellen diese vor.

M 1 Neil Harbisson – Spinner oder Vorbild?

Der Künstler Neil Harbisson (geb. 1984) wurde mit einer seltenen Netzhauterkrankung geboren, infolgedessen er vollkommen farbenblind ist. Mit seinen Augen sieht er die Welt in Schwarz-Weiß. 2004 ließ er sich eine Antenne in seinen Kopf implantieren, an deren Ende eine Kamera angebracht ist (das sog. Eyeborg). Diese fängt Lichtwellen auf und gibt die Frequenzen in Form von Vibrationen weiter. Nach drei Jahren war Harbisson in der Lage, die Vibrationen im Kopf in Farbtöne zu übersetzen. Die Antenne hat den Vorteil, dass sie viel mehr wahrnehmen kann als das gewöhnliche menschliche Auge, z.B. infrarotes und ultraviolettes Licht. Umgekehrt assoziiert er Töne mit Farben. Telefonklingeln hört sich für ihn grün an.

Als Harbisson eines Tages einen neuen Pass beantragen will, verlangt man von ihm ein biometrisches Passbild ohne Antenne. Er lehnt das ab. „Die Antenne ist ein Teil von mir." Der Beamte steht nun vor der Frage, ob er das akzeptieren kann und legt diese seinen Vorgesetzten mit dem folgenden Kommentar vor: „Ist das noch ein normaler Mensch?"

Aufgabe:

1. Erarbeiten Sie eine begründete Stellungnahme.
2. Benennen Sie offene Fragen.

M 2 Interview mit Neil Harbisson (NH)

EW (Else Verweire): Sie waren der erste Mensch auf der Welt, der sich einer solchen Operation unterzog. Wussten Sie, worauf Sie sich da einließen?

NH: Als ich mit 19 das Kunstprojekt startete, war mir schon klar, dass damit Gefahren verbunden waren. Mein Körper hätte das Implantat abstoßen oder mein Gehirn die künstlichen Sinnesreize ignorieren können. Aber Bergsteiger wissen auch, dass es gefährlich ist, den Mount Everest zu besteigen; das hält sie nicht davon ab. Letztlich ging alles gut. Ich leide nur ab und zu unter „Antennenschmerz", spüre also manchmal, dass ich eine Antenne habe. Mit den üblichen Schmerzmitteln geht das meist vorbei.

EW: Haben Sie das Projekt von Wissenschaftlern begleiten lassen?

NH: Spanische Neurologen haben Hirnscans gemacht, um zu sehen, wie sich mein Gehirn an den neuen Input anpasst. Es scheint nicht so zu arbeiten wie das von „normalen" Menschen: Die Hirnaktivität beim Sehen und Hören läuft bei mir durcheinander.

EW: Wie Sie in Ihrem Vortrag erzählt haben, hat Ihr Gehirn zwei Monate gebraucht, um sich mit der Antenne dauerhaft zu verbinden. Es dauerte noch einmal drei Jahre, bevor Sie die subtilen Unterschiede in den Vibrationen in Farbtöne übersetzen konnten. Warum haben Sie nicht einfach versucht, Ihr Sehvermögen auf andere Weise zu verbessern?

NH: Das war niemals mein Ziel. Die Antenne bringt den Vorteil, dass ich damit sogar mehr wahrnehmen kann als das gewöhnliche menschliche Auge. Viele Farben, die ich empfange, sind für Sie unsichtbar. Denken Sie an infrarotes und ultraviolettes Licht. Auf diese Weise weiß ich, ob es gerade sicher ist, längere Zeit in der Sonne zu verbringen. Künftig sollen noch Röntgenstrahlen und Radiowellen dazukommen. Außerdem hängt die Antenne nicht von meinen Augen ab. Mit dem Alter werden die Augen meist schlechter, während der technologische Fortschritt dafür sorgt, dass mein Extrasinnesorgan immer besser funktionieren wird. Selbst wenn ich komplett blind würde, könnte ich weiterhin Farben wahrnehmen.

EW: Bei der Lesung gab es viel Applaus, als Sie sagten, dass es in Ihrer Welt keine Hautfarben gibt.

NH: Die Frequenzen von Hautfarben sehen für mich alle orange aus: Bei sehr dunkler Haut ist es ein dunkler und bei sehr heller Haut ein heller Orangeton. Die meisten liegen irgendwo dazwischen. Ich bemerke kaum Unterschiede.

EW: Ihre Antenne kann sich via Internet mit der Kamera der Internationalen Raumstation ISS verbinden. So können Sie Lichtwellen im Weltraum wahrnehmen. Ist es dort nicht ziemlich dunkel?

NH: Ganz und gar nicht. Ich erlebe den Weltraum als gigantische Explosion von Farben. Sie bewegen sich überwiegend im ultravioletten und infraroten Spektrum, weshalb sie für Normalsterbliche unsichtbar sind. Die Menge der Farben ist so überwältigend, dass ich mir das nicht länger als zwei Stunden „ansehen" kann, ohne dass mir schwindelig und schlecht wird. Sobald ich mich an die Massen von Eindrücken gewöhnt habe, hätte ich gerne einen permanenten Draht ins All. Dann brauche ich nicht als Astronaut in den Weltraum zu reisen, um ihn zu erkunden, sondern kann ihn von der Erde aus beobachten. Ich hatte kürzlich Kontakt mit SETI, der Organisation, die nach intelligentem außerirdischem Leben sucht. Ihren Projekten fehlt es an Leuten, um all die aus dem Weltraum aufgefangenen Daten zu analysieren. Wenn sich Menschen entsprechende Sensoren implantieren lassen, können sie das All als Sinnesastronauten erforschen. Meine Cyborg-Kollegin Moon Ribas spürt zum Beispiel Mondbeben über einen Sensor in ihren Füßen.

EW: Warum wollten Sie ein künstliches Sinnesorgan, anstatt beispielsweise Ihre Wahrnehmung mit künstlicher Intelligenz zu verbessern? Worin liegt der Unterschied?

NH: Eine künstliche Intelligenz hätte mir einfach die Farben in meiner Umwelt genannt. Ein künstliches Sinnesorgan stimuliert mein Gehirn, diese Intelligenz selbst zu entwickeln. Die Antenne vermittelt mir Vibrationen, die zu den Farben gehören, und es liegt an meinem Gehirn, diese Schwingungen zu interpretieren. Indem ich die Technologie in meinen Körper integriere, werde ich intelligenter. Die Antenne hat nichts mit virtueller oder erweiterter Realität zu tun; ich nenne das „offenbarte Realität". Sie enthüllt eine Wirklichkeit, die eigentlich ständig um uns herum ist, die wir aber mit unseren gewöhnlichen Sinnen nicht wahrnehmen können. Die infraroten und ultravioletten Strahlen existieren ja bereits, nur werden sie für mich durch die Technologie erkennbar. Ich bin überzeugt davon, dass es künftig noch mehr künstliche Sinnesorgane geben wird und sie uns noch mehr verborgene Aspekte unserer Umwelt offenbaren werden.

EW: Sie verfügen bereits jetzt über weitere künstliche Sinne. Mit einem Implantat in Ihrem Knie erkennen Sie, wo der magnetische Nordpol der Erde liegt. Mit einem Zahn, in dem Bluetooth-Technologie steckt, können Sie Morsezeichen senden, indem Sie mit den Zähnen klappern. Was steht noch auf dem Programm?

NH: Im Moment arbeite ich an einer Sonnenuhr, einer Art Stirnband, an dem ein warmer Punkt innerhalb von 24 Stunden einmal um den Kopf herumwandert. Sobald das funktioniert, lasse ich mir das Band zwischen Schädel und Kopfhaut implantieren. Wenn mein Gehirn sich an diese Art der Zeitwahrnehmung gewöhnt hat, will ich versuchen, die Rotationsgeschwindigkeit und damit meine Zeitwahrnehmung zu manipulieren. Wenn ich möchte, dass eine Situation länger dauert, lasse ich den Wärmepunkt langsamer rotieren und erwecke die Illusion, dass die Zeit langsamer vergeht. Wenn ich im Flugzeug die Drehzahl auf die Fluggeschwindigkeit einstelle, kann ich vielleicht einen Jetlag verhindern. Ich überlege auch, mir einen Schwanz in den Rücken zu implantieren, um meinen Gleichgewichtssinn zu verbessern. Eines Tages hoffe ich, ein Organ zu schaffen, mit dem ich meinen Sinn für Humor steuern kann. Dann könnte ich alles im Leben lustig finden und lachend sterben.

EW: Vor einigen Jahren haben Sie die Cyborg Foundation mitgegründet, eine Organisation, die sich für die Rechte der heutigen und künftigen Cyborgs einsetzt. Warum sollten Menschen erwägen, sich Technologie implantieren zu lassen?

NH: Es wundert mich immer wieder, dass es niemand langweilig findet, jahrelang stets die gleichen Informationen aus denselben Sinnesorganen zu erhalten. Wenn man seinen Körper um einen einfachen Sensor ergänzt, bekommt man einen neuen Sinn und damit eine Wirklichkeit offenbart, die stets da war, ohne dass man sie wahrgenommen hat. Uns selbst als Spezies neu zu gestalten, wäre auch ein Segen für die Umwelt. Seit Jahrtausenden passen wir den Planeten an unsere Bedürfnisse an. Weil wir auch dann aktiv sein wollen, wenn es draußen dunkel ist, haben wir das künstliche Licht erfunden, was sich für zahlreiche andere Tierarten verheerend auswirkt. Wir haben Klimaanlagen und Heizgeräte entwickelt, um es an schwülen Sommertagen angenehm frisch und an kalten Winterabenden schön warm zu haben. Wenn wir künstliche Organe entwerfen, die es uns ermöglichen, im Dunkeln zu sehen und unsere Körpertemperatur selbst zu steuern, dann können wir die Erde in Ruhe lassen und jede Menge Energie sparen. Ich habe Sinne und Organe, die nicht menschlich sind. Deshalb fühle ich mich nicht zu 100 Prozent menschlich. Weniger Mensch zu werden, ist nichts, wovor man Angst haben müsste. Ich kann Dinge tun, die ein normaler Mensch nicht kann. Und das erlebe ich als eine enorme Bereicherung.

Aufgaben:

1. Beschreiben Sie die Vorteile, die sich für Neil Harbisson durch seine Antenne ergeben.
2. Nehmen Sie Stellung, in welchen Bereichen Sie sich selbst verändern würden.
3. Beurteilen Sie, ob Harbisson ein Künstler, ein Spinner, ein Vorbild oder der Mensch der Zukunft ist.
4. Benennen Sie offene Fragen.

M 3 Ray Kurzweil: Der Mensch 2.0

© Photo by Michael Lutch, via Wikimedia Commons

Ray Kurzweil ist ein amerikanischer Erfinder, Zukunftsforscher und zudem Leiter der technischen Entwicklung von Google. Er gilt als einer der Vordenker der transhumanistischen Bewegung.

Die drei ineinandergreifenden Revolutionen G, N und R [Genetik, Nanotechnik, Robotik inkl. KI] werden [...] unsere gebrechlichen menschlichen Körper der Version 1.0 in eine sehr viel beständigere und leistungsstärkere Version 2.0 überführen. Milliarden von Nanobots werden sich durch unsere Blutgefäße und unser Gehirn bewegen. Sie werden in unseren Körpern Krankheitserreger zerstören, Genfehler korrigieren, Schadstoffe eliminieren und viele andere Dinge tun, um unser physisches Wohlergehen zu gewährleisten. Als Ergebnis werden wir ewig leben können, ohne zu altern.

In unserem Gehirn verteilte Nanobots werden mit unseren biologischen Neuronen interagieren. Dadurch wird eine vollständige virtuelle Realität geschaffen werden, die sowohl all unsere Sinne als auch die neuronalen Ausprägungen unserer Emotionen erfasst. Vor allen Dingen wird diese enge Verknüpfung von biologischem und nichtbiologischem Denken die menschliche Intelligenz entscheidend vergrößern.
Die Kriegsführung wird zu Nanobots und Cyberwaffen übergehen. Wir werden zunächst online lernen, doch sobald unsere Gehirne online sind, können wir Wissen und Können direkt herunterladen. [...]
In den 2030ern und 2040ern rechne ich mit [...] dem menschlichen Körper 3.0. [...] Ein Merkmal der Version 3.0, wie ich sie mir vorstelle, besteht darin, dass wir unseren Körper wechseln können. Das wird insbesondere in virtuellen Umgebungen sehr einfach möglich sein, doch wir werden auch die Mittel haben, es in der physischen realen Wirklichkeit zu tun. Indem wir molekulare Nanofertigung auf uns selbst anwenden, werden wir unsere physische Manifestation schnell je nach Wunsch verändern können.
[...] auch der menschliche Körper 3.0 wird vermutlich noch menschlich (nach heutigen Maßstäben) aussehen. Der Begriff von Schönheit wird jedoch, aufgrund der großen Plastizität, die unsere Körper dann haben werden, mit der Zeit stark gedehnt werden. Schon heute modifizieren Menschen ihren Körper durch Piercings, Tattoos und Schönheitschirurgie, Veränderungen, die schnell zunehmend gesellschaftliche Akzeptanz finden. In Zukunft wird noch viel mehr experimentiert werden, da es möglich sein wird, körperliche Veränderungen jederzeit rückgängig zu machen.

Ray Kurzweil, Menschheit 2.0. Die Singularität naht. © 2014 Lola Books, Berlin

Aufgaben:

1. Entwerfen Sie für die Zukunftserwartungen von Ray Kurzweil einen Zeitstrahl.
2. Bewerten Sie seine Visionen mit einem Fragezeichen (Das finde ich fragwürdig?!) oder einem Ausrufezeichen (Das unterstütze ich!).
3. Benennen Sie offene Fragen.

M 4 Ray Kurzweil im Gespräch

BILL (ein Umweltschützer): Aber gießt man nicht das Kind mit dem Bade aus, mit dieser Körper-2.0-Geschichte? Wenn wir den kompletten Körper und das Gehirn durch Maschinen ersetzen, bleibt doch gar kein Mensch mehr übrig!

RAY: Da hast du eine andere Auffassung des Begriffs „Mensch" als ich. Aber wo willst du die Grenze ziehen? Biologische und nichtbiologische Eingriffe zur Verbesserung des menschlichen Körpers sind ja nichts Neues – und viele Menschen leiden noch.

BILL: Ich habe nichts dagegen, menschliches Leiden zu lindern. Aber wenn man den ganzen Körper durch eine leistungsfähigere Maschine ersetzt, dann hat man eben auch nur noch eine Maschine. Autos sind auch schneller als wir, aber wir betrachten sie deswegen nicht als Menschen.

RAY: Ich denke das Problem ist das Wort „Maschine". In deiner Vorstellung ist eine Maschine weniger wertvoll – nicht so komplex, kreativ, intelligent, vernünftig und feinsinnig – wie ein Mensch. Heute ist das richtig, denn auf alle Maschinen, die wir bisher zu Gesicht bekommen haben, Autos zum Beispiel, trifft das absolut zu. Aber der Knackpunkt meiner ganzen These von der Singularität [der Zeitpunkt, in dem das menschliche Leben durch technischen Fortschritt einen unwiderruflichen Wandel erfährt] ist, dass der Maschinenbegriff – und der Begriff von nichtbiologischer Intelligenz – grundlegend verändert wird.

BILL: Genau das ist mein Problem. Unsere Einschränkungen sind ein Teil von dem, was uns zu Menschen macht. Wir behaupten ja nicht, die Schnellsten zu sein und das beste Gedächtnis zu haben. Aber wir zeichnen uns durch eine undefinierbare, spirituelle Qualität aus, die Maschinen inhärent [innewohnend] nicht besitzen.

RAY: Nochmals die Frage: Wo zieht man die Grenze? Menschen ersetzen schon heute Teile ihres Körpers und ihres Gehirns durch nichtbiologische Ersatzstücke, welche ihre „menschlichen" Funktionen besser erfüllen.

BILL: „Besser" in dem Sinne, dass sie kranke oder beschädige Organe und Systeme ersetzen. Aber du willst praktisch unsere gesamte Menschlichkeit austauschen, um unsere Leistungsfähigkeit zu steigern – und das ist dann inhärent nicht menschlich.

RAY: Vielleicht haben wir unterschiedliche Meinungen, was es bedeutet, Mensch zu sein. Für mich sind es nicht die Beschränkungen, die den Menschen ausmachen – obwohl er viele hat –, sondern seine Fähigkeit, über sich selbst hinauszuwachsen. Wir sind nicht auf dem Boden geblieben. Wir sind nicht einmal auf der Erde geblieben. Und wir werden uns nicht mit den Grenzen abfinden, die die Natur uns gesteckt hat.

BILL: Aber wir müssen sehr vorsichtig sein mit unseren technischen Möglichkeiten. Ab einem gewissen Punkt geht eine gewisse unbeschreibbare Qualität verloren, die unserem Leben Sinn gibt.

RAY: Ich schätze, wir können uns darauf einigen, dass wir uns darüber klar werden müssen, wo die wichtigen Wesenszüge der Menschlichkeit liegen. Aber es gibt keinen Grund an unseren Beschränkungen festzuhalten.

Ray Kurzweil, Menschheit 2.0. Die Singularität naht. © 2014 Lola Books, Berlin

Aufgaben:

1. In seinem Buch „Menschheit 2.0" stellt Kurzweil in einem Gespräch Argumente für eine Verschmelzung von Mensch und Maschine und deren kritische Reflexion vor. Markieren Sie die Argumente rot und die kritischen Erwiderungen grün.
2. Formulieren Sie Ihren eigenen Standpunkt.
3. Benennen Sie offene Fragen.

M 5 Der Transhumanismus in der Diskussion

Julian Nida-Rümelin – Philosoph:
Der zeitgenössische Transhumanismus ist die Konkretisierung eines uralten Menschheitstraums, nämlich sich über die conditio humana hinwegsetzen zu können, alle Beschränkungen der Menschennatur zu sprengen, übermenschliche Kräfte und Fähigkeiten zu entwickeln. Manche Transhumanisten erhoffen sich auch den kindlichen Wunsch nach Unsterblichkeit über digitale Technologien erfüllen zu können ... Aus psychoanalytischer Sicht muss ein solcher Wunsch als regressiv und narzisstisch charakterisiert werden, denn es gehört zu den elementarsten Bedingungen des Erwachsenseins, die Beschränkung als Mensch und auch die eigene Sterblichkeit zu akzeptieren. [...] Dieser Umschlag von Humanismus in Transhumanismus hat einen berühmten Vorläufer in Friedrich Nietzsche und dessen transhumanistischem Ideal des Übermenschen, der auf nichts und niemanden Rücksicht nehmen muss und sich über die Werte der Humanität hinwegsetzen kann.
Julian Nida-Rümelin & Nathalie Weidenfeld: Digitaler Humanismus © 2018 Piper Verlag GmbH, München

Jörg Herrmann – Theologe:
Der Mensch ist ein Geschöpf sagen die Theologen. Er ist vom Universum hervorgebracht, sagen Wissenschaftler. Diese Geschichte lässt sich nicht umkehren. Der Mensch ist weder Prima Causa noch Schöpfer der Welt. Er bleibt bedingt und endlich, bis auf weiteres, selbst wenn es gelänge, seine Lebenszeit um ein paar 100 Jahre zu verlängern. [...] D.h. im Umkehrschluss jedoch nicht, dass technischer Fortschritt dem christlichen Gottesglauben widerspricht. Im Gegenteil. Der Mensch ist zur Mitwirkung an der Weiterentwicklung der Schöpfung aufgerufen. Dazu kann auch KI gehören: wenn künstliche Intelligenzen zum Nutzen der Menschheit beitragen, [...], ist das auch im Sinne christlicher Ethik. Dennoch hat sich im Verhältnis von Mensch und Maschine etwas grundlegend verändert. Denn die Tatsache, dass Computer immer mehr Fähigkeiten erwerben, die bis dato nur Menschen auszeichneten, ist neu. Sie wirft einmal mehr die Frage nach dem Wesen des Menschen auf, nach seinem Alleinstellungsmerkmal. [...] Wolfgang Hildesheim, der Chef der KI Abteilung von IBM, [...] sagt: „Was den Menschen von der Maschine unterscheidet, ist, dass wir letztendlich Liebende und geliebte Wesen sind. Wir wurden geboren und sind durch die Liebe unserer Eltern geworden. Ohne diese Liebe wären wir gestorben. Deshalb betonen auch viele Religionen die Fähigkeit zum Mitgefühl, zur Empathie und zur Nächstenliebe."
Jörg Herrmann, Ihr werdet sein wie Gott. Die künstliche Intelligenz erscheint manchen wie der Weg zum Paradies. Zeitzeichen 10, 2019,50–52

Sarah Spiekermann – Wirtschaftsinformatikerin:
Im Transhumanismus verdichtet sich das negative Menschenbild zu einer Ideologie der Lieblosigkeit, in der der Mensch schlichtweg als suboptimales Auslaufmodell angesehen wird. [...] Dabei stehen solche Ideen im Raum wie das proaktive Ersetzen von biologischen Körperteilen und Organen, wie etwa unserer Herzen, durch angeblich besser geeignete computerisierte Trägermaterialien. Man glaubt, gesunde Gehirne mit externen digitalen Gedächtniskomponenten verbessern zu müssen; etwa indem man uns Gehirnimplantate zur Gedächtnisverbesserung einpflanzt. [...] Da bei Transhumanisten die Bedeutung von Intuition und Fühlen als entsorgbarer Nachteil des Menschen betrachtet wird und auch der Körper dementsprechend wenig zählt, ist ihnen die Welt der Werte [Empfindungen wie z.B. schön, chaotisch oder gerecht, mit denen wir die Realität wahrnehmen] verschlossen. [...] So vereinfacht der Transhumanismus sehr vieles von dem, was uns Menschen in Wirklichkeit auszeichnet [...]
Sarah Spiekermann, Digitale Ethik. Ein Wertesystem für das 21. Jahrhundert, © Droemer Verlag, München 2019, 166–168 (Auszüge)

Aufgaben:
1. Untersuchen Sie einen der Standpunkte und streichen Sie mit einem Bleistift alles, was für Sie unwichtig ist. Übrig bleiben die Kernaussagen der Autoren bzw. der Autorin. Formulieren Sie anschließend Ihre Fragen zu dem Text.
2. Erarbeiten Sie nun die anderen Texte auf gleiche Weise.
3. Benennen Sie offene Fragen.

M 6 Impulse zum Theologisieren

M 6a Was macht den Menschen zum Menschen?

Nach dem Transhumanismus – wie ihn Ray Kurzweil oder Nick Bostrom vertreten – besteht das Wesen des Menschen darin, über sich selbst hinauszuwachsen. Dies stellt die Frage, worin das Wesen des Menschen besteht. Was macht den Menschen zum Menschen?

1 Die Eigenart des Homo sapiens
Der Transhumanismus bezieht sich auf Erkenntnisse der Evolutionsbiologie. Danach ist der Mensch das Ergebnis eines nach vorne offenen, jahrmillionen währenden komplexen Entwicklungsprozesses. Dieser ist durch Mutation und Selektion bestimmt: Entwicklung und Überleben verdanken sich zufälligen Veränderungen (Mutationen) und dem „Survival of the Fittest" (das Überleben der am besten angepassten Individuen). Im Großen und Ganzen kann man sagen, dass sich Menschenartige aus dem Stammbaum der Affenartigen nach und nach entwickelt haben. Dabei sind mehrere Menschenarten entstanden und wieder verschwunden, bis zuletzt der Homo sapiens (der verstehende Mensch) entstanden ist. Zu seiner Besonderheit gehört der aufrechte Gang, das große Gehirn, die Fähigkeit, Werkzeuge zum Werkzeugbau und zur Gestaltung der Natur herzustellen, soziale Bindungen, Kunst und vor allem die Sprache, die es erlaubt, Äußeres und Inneres zu bezeichnen und darüber nachzudenken.

2 Anfragen an die Evolutionstheorie
Die Sicht des Menschen in der Evolutionsbiologie hinterlässt einige Fragen, die über die Antworten der Evolutionsbiologie hinausgehen:

- Ist die Evolution ein blinder, planloser Prozess – oder lässt sich doch eine gewisse Zielrichtung erkennen?
- Warum gibt es überhaupt die Evolution? Warum ist nicht nichts?
- Wird der Homo sapiens wieder verschwinden – und was kommt dann?
- Kann der denkende Mensch die Gesetze der Evolution zum Teil außer Kraft setzen oder durch Technik beeinflussen?
- Ist der Mensch grundsätzlich durch die biologischen Gesetze determiniert und wenn es Freiheit gäbe – woran würde man das merken?
- Unterliegt alles dem Gesetz der natürlichen Auslese – auch die Liebe?
- Was bestimmt eigentlich den Transhumanismus – die Gesetze der Evolution oder planende Menschen?
- Was „bringt" die Evolutionslehre für das eigene Leben? Was heißt das für die Bewältigung von Herausforderungen und Krisen? Was heißt das für den Umgang mit dem eigenen Tod? Was heißt das für den Umgang mit anderen Menschen und mit sich selbst?

3 Der Mensch als autonomes Subjekt
Der Philosoph Immanuel Kant sieht den Menschen als Vernunftwesen. Kennzeichnend für ihn ist, dass er über sich selbst und sein Erleben und Handeln nachdenken und aufgrund eigener Einsicht selbstbestimmt (autonom) handeln kann. Dies begründet seine Würde und seine Freiheit. Prinzipiell hat niemand das Recht, über einen anderen Menschen zu bestimmen.

4 Die Bibel und die Frage nach dem Menschen
Grundlegend für das Menschenbild der Bibel sind persönliche Erfahrungen von Menschen mit sich selbst, mit der Welt und dem Leben – und das was sie dabei als Sinn des Ganzen und damit als Gott verspürt haben (vgl. Psalm 8). Grundlegend ist aber auch das Gespräch mit anderen Menschen über das, was diese über Gott und den Sinn des Ganzen verstanden haben und in Erzählungen, Gedichten, Liedern, Bekenntnissen zum Ausdruck bringen. Das hilft, eigene Erlebnisse besser zu verstehen und einzuordnen. Dies zeigt: Neben wissenschaftlicher Erkenntnis gibt es noch andere Wege, Wesentliches zu erfassen.
Die Bibel ist ein Buch, in dem Erfahrungen mit Gott als dem Sinn des Ganzen aufgeschrieben sind. Sie geht davon aus, dass wichtige Einsichten über den Menschen aufgrund von persönlichen Erfahrungen und des Gesprächs über Erfahrungen anderer Menschen entdeckt werden können. Wissenschaften wissen nicht alles. Über den Sinn des Ganzen können sie nichts aussagen.

5 Das Wesen des Menschen in der Bibel

In den ersten großen Erzählungen, die man in der Bibel findet (1. Mose 1–2), wird der Mensch zunächst einmal als Geschöpf unter Geschöpfen beschrieben. Doch etwas hebt ihn aus den anderen Geschöpfen heraus: der Mensch ist von Gott zum Ebenbild Gottes bestimmt. Er ist als Gegenüber zu Gott geschaffen und zur persönlichen Gemeinschaft mit Gott bestimmt. Er soll auf Gottes Anrede antworten und von daher sein Leben als menschlicher Repräsentant Gottes gestalten. Darin gründet seine Eigenart als Beziehungswesen und sein Recht auf Respekt und Anerkennung. Jeder Mensch besitzt dadurch eine königliche Würde. Sein Wesen besteht darin, ohne Wenn und Aber anerkannt zu sein. Poetisch bringt das Psalm 8 zum Ausdruck.

6 Bibel und Transhumanismus

Der Transhumanismus sieht Verwundbarkeit, Grenzen und Endlichkeit als Defizite des Menschen an, die überwunden werden müssen. Demgegenüber sieht die Bibel den Menschen als unvollkommenes, gleichwohl aber geliebtes Geschöpf Gottes an. In seiner Zerbrechlichkeit hat er eine königliche Würde, denn er ist zum Gegenüber Gottes bestimmt. Jeder und jede verdient dabei Respekt und Anerkennung. Das gilt für persönliche Beziehungen und für die Gestaltung gesellschaftlicher Verhältnisse. Menschlicher wird die Welt nicht durch Veränderung des organischen Menschen, sondern durch Gestaltung respektvoller Verhältnisse.

M 6b Welche Aufgabe hat der Mensch in der Welt?

Der Transhumanismus sieht es als seine zentrale Aufgabe an, den bisherigen Menschen mit Hilfe von Technologie zu überwinden und dabei den Menschen von Beeinträchtigungen zu befreien und zu optimieren. Es gilt, einen „posthumanen Zustand" zu erreichen und die Evolution zu beschleunigen. Wie der Mensch wird, soll jeder Einzelne selbst entscheiden. Hier stellt sich die Frage, welche Aufgabe der Mensch in der Welt hat.

1 Die Lehre vom Übermenschen

Das Programm des Transhumanismus erinnert an die Lehre vom Übermenschen bei dem Philosophen Friedrich Nietzsche. Der Mensch soll durch menschliches Handeln überwunden und dabei „übermenschlich" werden. Die Evolution soll durch den Menschen vorangetrieben werden. Moral und Barmherzigkeit, Vernunft und Gerechtigkeit spielen dabei keine Rolle. Der Mensch ist radikal fei. Alles ist recht. So weit Nietzsche.
Es stellt sich jedoch die Frage, wohin das führt. Kann dann jeder machen, was er will? Was wird aus dem Zusammenleben? Was wird mit denen, die da nicht mitkommen? Braucht diese Freiheit nicht doch ethische Regeln?

2 Gefahren des Transhumanismus

Für den amerikanischen Philosophen Francis Fukuyama ist der Transhumanismus „die gefährlichste Idee der Welt". Der Transhumanismus bedroht vor allem die Gleichheit der Menschen. Sie haben alle die gleichen Rechte. Durch die Veränderung des Menschen entstehen jedoch „verbesserte Kreaturen". Haben sie mehr Rechte als die bisherigen Menschen? Und was ist mit den Menschen, die sich eine solche technologische Veränderung nicht leisten können? Wie ist das mit den ärmsten Ländern in der Welt?
Für Fukuyama haben Veränderungen von menschlichen Eigenschaften unvorhersehbare Folgen. Der Mensch ist ein komplexes Produkt eines langen evolutionären Prozesses. Gute und schlechte Eigenschaften sind da miteinander verbunden und wirken zusammen. Ein Eingriff an der einen Stelle verändert den komplexen Zusammenhang, was man jedoch weder vorausplanen noch kontrollieren kann.

3 Der biblische Schöpfungsauftrag

„Seid fruchtbar und mehret euch und füllet die Erde und machet sie euch untertan und herrscht über die Fische im Meer und über die Vögel im Himmel und über das Vieh, das auf Erden kriecht" (1. Mose 1,28). So lautet der biblische Schöpfungsauftrag in der ersten Schöpfungsgeschichte. In der zweiten Schöpfungserzählung heißt es: „Und Gott der Herr nahm den Menschen und setzte ihn in den Garten Eden, dass er ihn bebaute und bewahrte" (2. Mose 2,15). Der Mensch ist dazu beauftragt, die Welt zu gestalten und dabei auch zu bewahren. Der Renaissance-Philosoph Pico della Mirandola sah darin den Auftrag an den Menschen, wie Gott vollkommen unabhängig und frei über die Natur zu bestimmen. Darin zeige sich die Besonderheit des Menschen in der Schöpfung Gottes.
Dabei hat er jedoch übersehen, dass die Entsprechung zu Gott – die Ebenbildlichkeit des Menschen – nicht in einer freien Verfügung, sondern in einem ethisch verantworteten Handeln besteht. Es gilt, gut und schlecht zu unterscheiden. Wohl ist der Mensch mit einer königlichen Würde ausgestattet, doch zu einem königlichen Handeln gehören Gerechtigkeit und Barmherzigkeit. In der Sorge für gerechte Verhältnisse und vor allem im Schutz der Schwachen gewinnt der Mensch seine Entsprechung zu Gott. Das ist nicht einfach und führt immer wieder zu Problemen, ja sogar in Dilemmasituationen. Da ist gemeinsames Nachdenken und verantwortliches Handeln gefragt, das nicht nur auf ethische Leitlinien, sondern auch auf Folgen achtet.

4 Fazit

Der Versuch, den Menschen insgesamt zu verändern, gefährdet den menschlichen Zusammenhalt und führt zu unvorhersehbaren Folgen. Er widerspricht dem biblischen Schöpfungsauftrag, der Menschen dazu bestimmt, die Welt immer wieder so zu gestalten und dabei auch zu bewahren, dass Gerechtigkeit und Schutz der Schwachen gewährleistet sind.

M 6c Welche Grenzen haben Menschen?

Der Transhumanismus proklamiert den Kampf gegen Beschränkungen und Grenzen des menschlichen Lebens. Krankheiten, Altern, Vergessen, ja selbst der Tod sollen überwunden werden. Menschen sollen in Wohlbefinden, Zufriedenheit und Glück leben. Zuletzt geht es darum, auch die Grenzen von Menschen und Maschine zu überschreiten und ein Mensch-Maschinen-Wesen zu erschaffen, dessen Gehirn mit einem Supercomputer verbunden ist.

1 Was Transhumanisten nicht beachten

Der Mediziner und Philosoph Thomas Fuchs weist in seiner Kritik des Transhumanismus darauf hin, dass dauerhaftes Glück und Wohlbefinden bald abflachen. Lebensfreude hat immer mit Mühsal und Frustration zu tun. Sie ist immer Resultat eigener Anstrengung. Man denke an eine Fahrradtour über einen hohen Berg. Der Tod gehört zum Leben wie die Nacht zum Tag. Das Leben besteht darin, die innere Ordnung durch einen stetigen Stoff- und Energieaustausch mit der Umwelt herzustellen. Das Leben ist ständig der Gefahr des Todes ausgesetzt – was allerdings zur Wertschätzung des Lebens führt. Die Freude am Leben lebt von der Angst vor dem Tod.

Das Uploaden des Gehirns zielt auf eine Ablösung des Bewusstseins vom biologischen Organismus. Doch Gefühle sind nicht einfach Informationen oder Daten. Sie beruhen auf einem Zusammenspiel von Gehirn, Körper und Umwelt. Sich ängstigen ist nicht möglich ohne das Klopfen des Herzens, Zittern oder beengtem Atmen. Ohne die körperliche Seite können wir Gefühle nicht erleben. Der Mensch ist mehr, als im Gehirn gespeichert ist.

2 Die Bibel und die Grenzen des Menschen

Wie auch die Tiere und die Pflanzen sind Menschen Geschöpfe Gottes. Wie alles geschöpfliche Leben ist auch das menschliche Leben begrenzt, endlich und sterblich. Sowohl die Lebenszeit als auch der Lebensraum sind begrenzt. Auch das Wissen und die Fähigkeiten von Menschen sind begrenzt. Zu dieser Begrenzung gehört auch, dass Menschen immer wieder Fehler machen. Zu unserer Endlichkeit gehört der Tod sowie die Angst vor dem Tod.

Klug ist es, im Vertrauen auf Gottes Begleitung Begrenztheit und Endlichkeit als Teil des Lebens anzunehmen. Zu dieser Klugheit gehört aber auch wahrzunehmen, welche Grenzen verschoben werden können – immer im Wissen, dass es immer Grenzen geben wird und Menschen in ihrem Tun und Lassen letztlich endlich bleiben – und alle einmal sterben werden. Zu dieser Klugheit kann ein Gebet helfen:

> *Gott, gib mir die Gelassenheit, Dinge hinzunehmen, die ich nicht ändern kann,*
> *den Mut, Dinge zu ändern, die ich ändern kann, und die Weisheit,*
> *das eine vom anderen zu unterscheiden.*
> *(Reinhold Niebuhr 1892–1971, amerik. Theologe)*

3 Fazit

Dem Anliegen des Transhumanismus, Krankheit und Beeinträchtigungen so weit wie möglich zu vermeiden, kann man zustimmen. Die Überwindung aller Grenzen bis hin zum Tod durch den technologischen Fortschritt ist Illusion. Es gilt, die Körperlichkeit des Menschen zu beachten und die Unvollkommenheit und Begrenztheit des menschlichen Lebens anzunehmen.

M 6d Was ist Sünde?

Der Transhumanismus in seiner radikalen Gestalt will ein neues Wesen schaffen, dabei die Evolution des Lebens selbst in die Hand nehmen und eine neue Stufe in der Evolution des Menschen herbeiführen. Der biologische Mensch ist überflüssig und soll abgeschafft werden. Die Frage ist, was dahintersteckt. Kann das Sünde sein?

1 Motive des Transhumanismus

Vertreter*innen des Transhumanismus (wie Stefan Sorgner) wollen ein gutes Leben für die Menschen ermöglichen, die Fähigkeiten der nachwachsenden Generation verbessern und vorherrschende Sichtweisen, wie z.B. von der Menschenwürde, revidieren. Letztlich geht es ihnen um die vollständige Freiheit des Menschen in der Verfügung über sein eigenes Leben.
Der Historiker Yuval Noah Harari sieht darin ein Projekt, den Menschen in einen Gott zu verwandeln, der allwissend und allmächtig sein wird. Es geht um eine Selbstvergottung des Menschen.
Kritiker sehen darin den illusionären Traum des Menschen, übernatürliche Kräfte zu gewinnen, den kindlichen Wunsch, allmächtig zu sein und eine große Gleichgültigkeit gegenüber dem Menschen aus Fleisch und Blut. Ihn brauche man einfach nicht mehr. Er wird als Evolutionsstufe überwunden.

2 Theologische Beurteilung als Sünde

Christliche Theologie und christlicher Glaube sehen dahinter Sünde. Menschen wollen Gott nicht Gott sein lassen und selber kein unvollkommenes und begrenztes Wesen sein. Sie wollen sich selbst an die Stelle Gottes setzen, ihr Leben selbst in die Hand nehmen und alles kontrollieren. Sie können zudem einen Gott nicht leiden, der eine Schwäche für die Schwachen hat. Sie wollen deshalb Schwäche aus dem Leben der Menschen eliminieren.
Im Sinne des christlichen Glaubens sind solche Menschen „gott-los", weil sie sich nicht auf den Gott einlassen wollen, von dem die Bibel sagt: „Barmherzig und gnädig ist der Herr, geduldig und von großer Güte" (Ps 103,8). Damit verfehlen die Vertreter*innen des Transhumanismus sich selbst als Geschöpfe Gottes, die auf Liebe und Barmherzigkeit angewiesen sind. Sie sind auf einem Irrweg, der ihnen selbst und anderen schadet. Statt gutes Leben zu gewinnen, zerstören sie Leben. Die Sünde hat sie gepackt. Luther sagt: „Wir sollen Menschen und nicht Gott sein. Das ist die Summa."

3 Fazit

Der Transhumanismus zeigt an wenigen Stellen gewisse humane Motive. In seiner radikalen Form stellt er jedoch eine Gestalt der Sünde dar. Indem der christliche Glaube das sagt, will er nicht verdammen, sondern helfen, einen anderen Weg einzuschlagen. Der barmherzige Gott der Bibel macht nicht fertig, sondern ermöglicht einen Neuanfang.

Roboter

Der Begriff Roboter

Roboter sind zunächst einfach programmierte Maschinen. Nicht mehr und nicht weniger. Sie haben elektronische Sensoren, die zu eigenständigen, auch ganz verschiedenen Bewegungsabläufen fähig sind, zum Teil mit ihrer Umwelt interagieren und Aufgaben zur Entlastung bis hin zur Ersetzung des Menschen übernehmen. Das führt in der Folge zu Fragen, inwieweit Roboter Subjekte oder Objekte einer Ethik und des Handelns sind, bzw. ob diese Einteilung nicht mehr passt.
Der Begriff Roboter begegnet 1920 zum ersten Mal bei Karl Ćapek und bezeichnet dort einen Androiden. Dem Wort Roboter liegt das tschechische Verb „robota" (= unter Zwang arbeiten) zugrunde. Der Begriff Robotics im Sinne von Roboterwissenschaft stammt von Isaac Asimov, der diesen Begriff 1942 in einer Kurzgeschichte verwendete. Von Asimov stammen die sogenannten „drei Asimov'schen Gesetze", die den einzelnen Menschen im Blick haben:

1. Ein Roboter darf einem Menschen weder Schaden zufügen noch durch Untätigkeit zulassen, dass ein Mensch zu Schaden kommt.
2. Ein Roboter muss den Befehlen der Menschen gehorchen, außer solchen Befehlen, die ihn in Konflikt mit dem ersten Gesetz bringen.
3. Ein Roboter muss seine Existenz verteidigen, solange er dabei nicht in Konflikt mit dem ersten und zweiten Gesetz gerät.

Eine Frage, die sich kommende Generationen stellen müssen, ist: Wie autonom und nach welchen Regeln soll sich die Autonomie von Robotern entwickeln?

Verschiedene Arten von Robotern

Programmierte Maschinen können nur aus einem Arm bestehen, der ein Autochassis schweißt, oder auch aus mehreren Armen, die gleichzeitig eine komplexe Tätigkeit, wie z.B. eine Operation, durchführen können. Zu unterscheiden sind:

- **Industrieroboter**, die schneiden, schweißen, lackieren und dabei Menschen gefährliche Arbeiten abnehmen;
- **Serviceroboter**, wie Tauchroboter, aber auch Rasenmäher und Staubsaugerroboter;
- **Medizinroboter** (Robodocs), die z.B. minimalinvasive Operationen durchführen, meist geführt von einem Arzt oder einer Ärztin;
- **Forschungsroboter**, wie der Mars Rover, die sich auf einem anderen Planeten bewegen und über tausende Kilometer gesteuert werden können;
- **Kampfroboter** bei militärischen Einsätzen, die aber auch zum Entschärfen von Bomben oder bei Brandkatastrophen eingesetzt werden können;
- **Assistenzroboter**, die z.B. behinderte oder alte Menschen unterstützen und auch mit ihnen kommunizieren.

An vielen Orten der Welt werden derzeit Roboter entwickelt, die humanoid gestaltet sind. Diese Maschinen können sehr feine Äußerungen wahrnehmen, z.B. minimale Veränderungen der Hauttemperatur, der Größe der Iris oder eine Veränderung der Gesichtszüge. Auf uns Menschen kann das wirken, als würden sie Gefühle wahrnehmen und darauf reagieren können (z.B. Kismet, Sophia). Diese Interaktionen können so weit gehen, dass sie uns wie nahe Bekannte oder Freunde erscheinen. Sie haben Zeit, hören zu, reagieren auf einen, sind einfach da. Sie kümmern sich um einen Menschen, ohne für sich etwas zu verlangen. Sie sind lernfähig und deshalb in der Lage, sich auf das Gegenüber einzustellen (z.B. Pepper). Bei vielen Menschen trifft das auf das menschliche Bedürfnis nach Aufmerksamkeit und sozialer Anerkennung. Aus diesem Grund gehen viele Menschen immer stärker auf die Maschine ein, was wiederum der Maschine mehr Daten liefert, wodurch diese sich besser an den einzelnen Menschen anpassen kann. Manche erleben dann einen solchen Roboter als eine Art Freund*in und sprechen ihn mit Namen an. Offenkundig ist das für einsame Menschen erstrebenswert (vgl. insbesondere Paro), stellt jedoch die Frage, ob man mit einem solchen Roboter eine Freundschaft eingehen kann. Die Antwort hängt davon ab, was man unter Freundschaft versteht.
Daneben gibt es aus dem Bereich der Pornoindustrie schon „Sexroboter" (meist Puppen mit weiblichen Geschlechtsmerkmalen und einem klassisch-stereotypen Aussehen). Das Agieren der Puppe kann im Rahmen gewisser Möglichkeiten programmiert, d.h. an die Vorlieben der Nutzer*innen angepasst werden. Es ist umstritten, welche Form von Beziehungen hier entwickelt werden können und was diese „Beziehungen" für Auswirkungen auf die Kommunikation und Beziehungen mit „realen" Menschen hat. Der britische Autor David Levy behauptet in seinem Buch „Love+Sex with Robots" (2007), dass wir uns spätestens 2050 in Roboter verlieben werden. Doch was ist Liebe?

Die weitere Entwicklung

Während in der Arbeitswelt Roboter schon viele Jahre eingesetzt werden (auf 100 Beschäftigte kommen in Deutschland drei Roboter), sind Robotertaxis, Bringdienstroboter für Einkäufe, aber auch soziale Roboter, die Kinder betreuen, noch Zukunft. Humanoide Roboter sind immer noch dabei, z.B. Bewegungsabläufe von Menschen zu erlernen oder eigenständig Bewegungsabläufe zu entwickeln. Sie werden jedoch nach und nach viel geschickter werden. Sie können dann laufen, balancieren, fangen, aber auch tasten. Sie werden sich – wie schon jetzt erkennbar – in Zukunft in unterschiedlichen und auch wechselnden Umwelten eigenständig, d.h. ohne menschliche Kontrolle, bewegen können.

Eine wichtige Rolle spielt darin das Selbstlernen (machine learning). Davon auszugehen ist, dass Roboter intelligente Systeme werden, die aufgrund großer Datenmengen eigenständig Muster erkennen und daraufhin selbstständig agieren und eigenständige Entscheidungen treffen. Dies lässt ihre Aktionen (z.B. Antworten von Sophia, vgl. **M 6**) als autonom und nicht von außen determiniert erscheinen. Es lässt Denken, Bewusstsein, Selbstbewusstsein (Ich bin …), Intentionen (Glaube, Wünsche, Absichten, Pläne) und Gefühle (wie Freundschaft, Liebe), ja sogar Willensfreiheit vermuten. Roboter können interagieren und kommunizieren, können offenbar die Absichten eines Gegenübers erfassen und darauf reagieren. Sie wirken dann wie bewusste Personen.

Chancen und Risiken

Der zunehmende Einsatz von unermüdlich und perfekt arbeitenden Industrierobotern optimiert die Produktion und trägt zu höheren Gewinnen bei. Dies führt aber auch zum Verlust von Arbeitsplätzen und wirft die Frage nach der Zukunft der Arbeit auf. Die einen rechnen mit ganz neuen Arbeitsplätzen, andere befürchten einen Abbau von Arbeitsplätzen und fordern deshalb ein bedingungsloses Grundeinkommen. Einig ist man sich, dass es sich hier um eine grundlegende Veränderung der gesellschaftlichen Arbeit handelt, wie sie einst in der industriellen Revolution stattgefunden hat. Das Thema wird in dem Baustein „Arbeit 4.0“ aufgenommen (erhältlich unter www.calwer.com).

Alle Formen des Einsatzes von Robotern stellen die Frage nach Sicherheit. Dazu gehört auch die Gefahr eines Hackerangriffes. Medizinroboter gewährleisten präzisere Operationstechniken, auch wenn sie bei Hüftgelenkoperationen zu Problemen geführt haben.

➢ Film: Odysso – SWR Wissen „Roboter im OP“ (44.26 min; 19.04.2021, verfügbar bis 07.05.2025) https://www.ardmediathek.de/ard/player/Y3JpZ-DovL3N3ci5kZS9hZXgvbzEyMzU2MTM/roboter-im-op)

Der schon stattfindende Einsatz von humanoiden Robotern in der häuslichen und der stationären Pflege (Pepper) gründet in der zunehmenden Zahl von Pflegebedürftigen sowie in dem Mangel von Pflegekräften. Dahinter dürfte aber auch die zunehmende Ökonomisierung der Pflege stehen. Ganz praktisch stellen sich rechtliche und ökonomische Fragen: Wer haftet bei technischem Versagen? Welche Leistungen sollten auf keinen Fall von einem Roboter übernommen werden? Wer finanziert z.B. bei einer häuslichen Betreuung die Kosten eines „Peppers“?

Es stellt sich die Frage, ob Roboter eine für Menschen empathische Zuwendung technisch darstellen und letztlich die ganze Pflege übernehmen können. (Das Einräumen einer Geschirrspülmaschine ist für einen Roboter aktuell extrem schwierig.) Es stellt sich zudem die Frage, ob sie einer „guten Pflege“ dienen und fundamentale Rechte des Pflegebedürftigen (auf Selbstbestimmung, Privatheit, körperliche und seelische Unversehrtheit, Freiheit und Sicherheit) und damit eine „menschenwürdige Pflege“ gewährleisten können. Doch was heißt menschenwürdig und worin besteht die Würde eines Menschen?

Theologische Reflexion

Die Entwicklung humanoider Roboter stellt die Frage, was Beziehungen zwischen Menschen ausmacht, und welche Form von Beziehungen es zwischen Maschinen und Menschen geben kann. Kann es zwischen Robotern und Menschen Freundschaften bis hin zur Liebe geben? Werden Roboter irgendwann Bewusstsein haben und Personen sein können, so dass sie beim Ableben sogar eine Beerdigung beanspruchen können?

Dahinter stehen die Fragen, was Freundschaft bzw. Liebe ist, was unter Bewusstsein zu verstehen ist und was eine Person zu einer Person macht. Darüber hinaus stellt sich die Frage, ob intelligente Roboter für ihr Handeln verantwortlich gemacht und so als „moralische Subjekte“ angesehen werden können (wenn sie z.B. Medikamente vertauschen, einen Unfall mit dem Auto verursachen oder bei einem militärischen Einsatz töten).

Letztlich stellt sich die Frage, ob es eine Art „Koevolution“ von Menschen und Maschinen gibt, die sich beide aufgrund wechselseitiger Beziehungen auf je unterschiedliche Art weiterentwickeln lassen. Was macht es mit Menschen und mit Maschinen, wenn sie Seite an Seite arbeiten, sich im öffentlichen und privaten Leben ständig begegnen und Mensch und Maschine zunehmend miteinander kombiniert werden?

Bausteine für den Unterricht

Kompetenzziel: S*S können Typen und damit verbundene Vorstellungen von Robotern erläutern, die Beziehung von Mensch und Roboter erörtern und unter Einbezug theologischer Impulse zu grundlegenden Fragen Stellung nehmen.
Zeitaufwand: 8–11 Stunden

Materialien und Arbeitsblätter:
M 1 Anforderungssituation: Ehe mit einem Roboter
M 2 Bilder von verschiedenen Robotertypen
M 3 Pepper
M 4 Paro
M 5 Segensroboter BlessU2
M 6 Sophia
M 7 Impulse zum Theologisieren

Baustein 1: Anforderungssituation: Ehe mit einem Roboter

Zeitaufwand: 1–2 Stunden

a) L stellt die Anforderungssituation **M 1** vor. Vorab kann der Begriff Ehe geklärt werden. Hilfreich ist das Zitat des BGB „Die Ehe wird von zwei Personen verschiedenen oder gleichen Geschlechts auf Lebenszeit geschlossen."
b) S*S erarbeiten dann in Einzelarbeit eine eigene Sicht, tauschen diese in Tandems aus und erörtern diese im Klassengespräch (Ich-Du-Wir/Think-Pair-Share).
c) L weist auf Grundfragen hin, die der Fall auslöst.

Baustein 2: Definition eines Roboters

Zeitaufwand: 1 Stunde

a) L zeigt einige Videos von Boston Dynamics, eines der führenden Robotik-Unternehmen der Welt: Was sind Roboter? Welche Arten von Robotern gibt es?
   - ➢ Boston Dynamics: With you, Spot can
     https://www.youtube.com/watch?v=VRm7oRCTkjE (1.29 min; 14.03.2024)
     und weitere Videos unter diesem Youtube-Kanal
b) S*S tragen ihr Wissen über Roboter zusammen. (Lösungsblatt dazu im Download-Bereich)
c) Vergleich des Wissens mit Bildern von Robotertypen (**M 2**).
   Alternativ:
   - ➢ Video: Next Robotics: Definition Robotik. Was Robotik wirklich bedeutet
     https://www.youtube.com/watch?v=mVZdRN1_PCs (8.43 min; 14.03.2024)
d) Gemeinsame Definition des Begriffs Roboter: „Roboter sind programmierte Maschinen".

Baustein 3: Roboter als Freunde

Zeitaufwand: 1–2 Stunden

a) S*S untersuchen in Partnerarbeit folgende Filme auf Gründe, warum Menschen nach einem Roboter als Freund*in suchen, sowie auf Argumente, die dafür und dagegen sprechen.
   - ➢ Trailer des Kinofilms: HI, A.I.
     https://www.youtube.com/watch?v=n2SXMvvE2W4 (2.12 min; 14.03.2024)
   oder:
   - ➢ BR Fernsehen: Homo Digitalis – Künstliche Intelligenz als perfekte Freundin
     https://www.ardmediathek.de/video/homo-digitalis/homo-digitalis-kuenstliche-intelligenz-als-perfekte-freundin/br-fernsehen/Y3JpZDovL2JyLmRlL3ZpZGVvLzFlMjQyYjY4LTFhNWYtNGU3Ny1hZmRhLThlY2Y3YWUxOGU2NA (9.02 min; 14.03.2024, verfügbar bis 25.06.2028)

oder:

- BR Fernsehen: Homo Digitalis – Sexroboter und der digitale Höhepunkt
  https://www.ardmediathek.de/video/homo-digitalis/homo-digitalis-sexroboter-und-der-digitale-hoehepunkt/br-fernsehen/Y3JpZDovL2JyLmRlL3ZpZGVvLzhjNDMxYjkwLWI4ZmMtNGNjYy1iMzg2LWFmZTBlOTNhND-ljMQ (8.08 min; 14.03.2024, verfügbar bis 25.06.2028)

b) S*S stellen ihre Ergebnisse vor und formulieren schriftlich ihre Urteile.

Baustein 4: Die neuen Roboter

Zeitaufwand: 1–2 Stunden

a) Arbeitsteilige Gruppenarbeit in Kleingruppen: L stellt die Themen vor, die S*S wählen und bearbeiten die Themen. Sie untersuchen die Dokumentationen/Videos:

Gruppe Pepper:

- BR24: Caritas testet Pflegeroboter „Pepper" (2.27 min; 14.03.2024)
  https://www.youtube.com/watch?v=UMWkSQz3aOo
- Erarbeitung von **M 3**.

Gruppe Paro:

- evTV/EKHN: Zum Knuddeln. Roboter-Robbe Pero begeistert Demenzkranke
  https://www.youtube.com/watch?v=agia0O8ms84 (16.16 min; 14.03.2024)
- Aufgrund des Videos und **M 4** Paro vorstellen.

Gruppe BlessYou2:

- Volker Rahn: Installation „BlessU-2"/LichtKirche Wittenberg (Segensroboter)
  https://www.youtube.com/watch?v=XfbrdCQiRvE (0.51 min; 14.03.2024)
- Aufgrund des Videos und **M 5** Pro und Kontra zu einem Segensroboter formulieren.

Gruppe Sophia:

- Welt: „Morals & Machines": Roboter fragt Merkel, wie sie über das WM-Aus denkt
  https://www.youtube.com/watch?v=z0F3QxtaG9M (1.56 min; 14.03.2024)
- Aufgrund des Videos und **M 6** die Fähigkeiten von Sophia untersuchen und vorstellen.

b) Abschließend stellen die Gruppen ihre Ergebnisse vor und definieren angesprochene Grundfragen des Lebens.

Baustein 5: Roboter und moralische Entscheidungen

Zeitaufwand: 1–2 Stunden

a) L formuliert eine Zwickmühle/Dilemma:

- *Der Pflegeroboter erinnert die Patientin an die Einnahme eines ärztlich verordneten, unverzichtbaren Medikaments. Die Patientin weigert sich, das Medikament zu nehmen.* Was soll der Roboter jetzt tun (können)?

Alternativ:

- *Der Pflegeroboter erkennt, dass die Patientin sowohl Trinken als auch Essen ablehnt.* Was soll er tun (können)?

Alternativ:

- *Der Pflegroboter erkennt eine Notlage des Patienten, stellt aber zugleich fest, dass sein Batteriestand extrem niedrig ist.* Was soll er tun (können)?

b) S*S entwerfen in Partnerarbeit eine Lösung. Im Klassengespräch werden die Lösungen vorgestellt, begründet und erörtert. Deutlich werden sollte der Konflikt zwischen dem Selbstbestimmungsrecht der Patientin und der medizinischen Pflicht, Schaden abzuwehren.

c) L beschreibt einen weiteren Fall:

- *Ein Pflegeroboter ist mit der Vergabe von Medikamenten betraut. Bei einem Patienten ordnet er die Medikamente falsch zu. Der Patient verstirbt aufgrund der falschen Medikation. Die Angehörigen verklagen die Pflegeeinrichtung.* Es stellt sich die Frage, wer die Verantwortung trägt und welche Rolle dabei der Pflegeroboter spielt. Gemeinsame Erörterung des Falls und Definition grundlegender Fragen.

Baustein 6: Theologisieren

Zeitaufwand: 2 Stunden

a) L legt in Bodenkarten die folgenden Fragen vor und stellt den Zusammenhang zu den vorherigen Schritten her. Eine Karte ist leer und kann von den S*S ergänzt werden. Die Fragen sind:
   - Was ist Freundschaft?
   - Was ist Liebe?
   - Was ist Menschenwürde?
   - Was ist Bewusstsein?
   - Was ist eine Person?
   - Was ist ein Segen?
   - Was ist Moral?
   - Was ist Verantwortung?
   - …

b) S*S wählen eine erste Frage. L eröffnet das nachdenkliche Gespräch und kann je nach Situation einen der theologischen Impulse (**M 7 a–h**) mündlich, schriftlich oder digital einbringen.

Hierzu gibt es passende Karten (pdf) und PPT-Präsentationen im Downloadbereich

Baustein 7: Evaluation

Zeitaufwand: 1 Stunde

S*S formulieren ihre persönlichen Lernergebnisse als Meme oder in einer anderen Form und stellen diese vor.

M 1 Ehe mit einem Roboter

Der 31-jährige chinesische Ingenieur Zhing Jiajia hat in einer traditionellen Zeremonie seinen selbstgebauten Roboter YingYing geheiratet. Für die Behörden stellt sich nun die Frage, ob diese Ehe staatlich anerkannt werden kann.

Quelle/Artikel: https://www.welt.de/kmpkt/article163506203/Ingenieur-heiratet-seine-selbstgebaute-Robo-Freundin.html (20.04.2021)

Aufgaben:

1. Beschreiben Sie die Voraussetzungen für eine eheliche Lebensgemeinschaft. Welche Vorstellungen lassen sich damit verbinden?
2. Beurteilen Sie, ob die Ehe hierzulande staatlich anerkannt werden kann.

BGB § 1353 – Eheliche Lebensgemeinschaft

(1) Die Ehe wird von zwei Personen verschiedenen oder gleichen Geschlechts auf Lebenszeit geschlossen. Die Ehegatten sind einander zur ehelichen Lebensgemeinschaft verpflichtet; sie tragen füreinander Verantwortung.

(2) Ein Ehegatte ist nicht verpflichtet, dem Verlangen des anderen Ehegatten nach Herstellung der Gemeinschaft Folge zu leisten, wenn sich das Verlangen als Missbrauch seines Rechts darstellt oder wenn die Ehe gescheitert ist.

M 2 Robotertypen

1

2

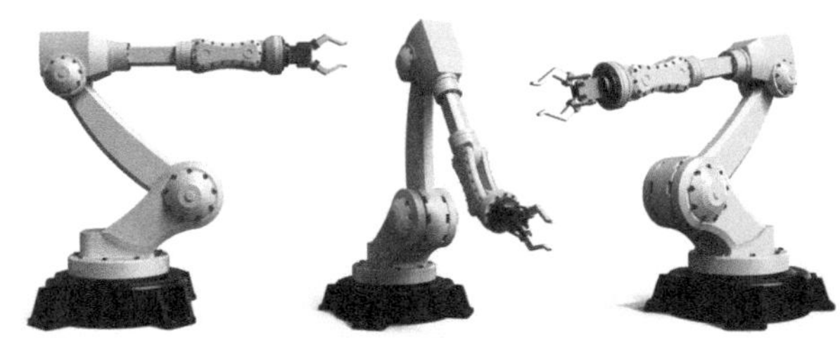

3

4

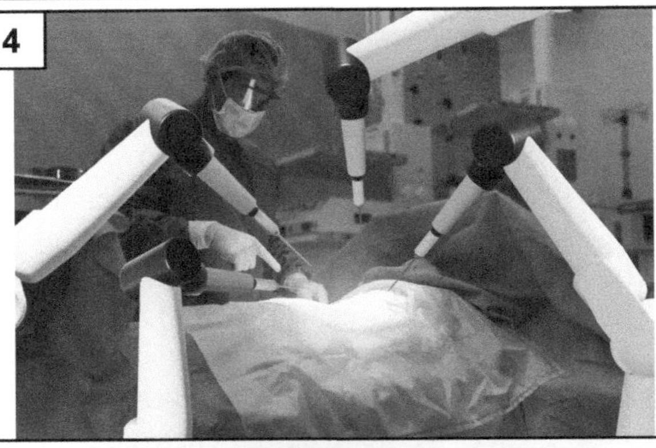

5

6

7

8

Aufgaben: Die Bilder zeigen verschiedene Typen von Robotern heute.

1. Beschreiben Sie die Typen und erläutern Sie, weshalb gerade in diesem Bereich Roboter verwendet werden.
2. Bewerten Sie diese Anwendung als sinnvoll oder als fragwürdig.
3. Benennen Sie weitere Robotertypen und formulieren Sie eine Definition für „Roboter".
4. Benennen Sie offene Fragen.

Fotos: 1. © Wikiimages/pixabay.com; 2. © Thomas Söllner/stock.adobe.com; 3. © niekverlaan/pixabay.com; 4. © Ekkasit919/istockphoto.com; 5. © picture alliance/ZUMAPRESS.com/ Eduardo Contreras; 6. Karin Klem; 7. © epd-bild; 8. © pavliko11/istock.com

M 3 Pepper

Pepper ist ein humanoider, d.h. menschenähnlicher Roboter mit Kopf, Armen und Händen, jedoch ohne Beine. Er bewegt sich auf Rollen. Auf der Vorderseite ist ein Tablet angebracht, dem man Informationen entnehmen kann. Er wendet einem den Kopf zu und bewegt dabei Arme und Hände. Pepper ist in der Lage, Mimik und Gestik zu analysieren und darauf zu reagieren. Er hat kommunikative Aufgaben und dient in Verkaufsräumen, Museen, Bibliotheken, Flughäfen, in der Erziehung, vor allem aber auch in der Gesundheitspflege als „Robotergefährte“. Er ist so groß wie ein Kind und sieht auch aus wie ein Kind, hat einen runden Kopf und überproportional große (Manga-) Augen. Manche sagen: Er ist niedlich. Durch entsprechende Software kann er Menschen helfen, sich zurechtzufinden, Vorschläge zu machen, Gespräche zu führen, mit anderen zu singen und zu tanzen. Damit kann er Patienten aktivieren. Durch eine Gesichtserkennung kann er individuelle Personen erkennen und auf emotionale Zustände wie Angst oder Freude reagieren. Über eine Cloud ist er in der Lage, sich Reaktionsmodelle herunterzuladen, die andere Roboter hochgeladen haben. Als Preis werden 17.000 € bis 20.000 € angegeben. Pepper ist von Pflegerobotern zu unterscheiden, die Patient*innen ins Bett heben, bei der Körperpflege helfen und die Einnahme von Tabletten kontrollieren können. Diese überwachen den Ablauf, was man Monitoring nennt.

Foto: Karin Klem

Weiterführende Videos:

- Lebenlang Magazin: Interview mit Pfleger Pepper
  https://www.youtube.com/watch?v=-PL84eDAPbE (4.14 min; 14.03.2024)
- Barrierefreies Wohnen: Pepper verteilt Medikamente – Outtakes
  https://www.youtube.com/watch?v=iCY75Z5ksu8 (3.36 min; 14.03.2024)

Aufgaben:

1. Entwerfen Sie einen Werbeprospekt für Pepper.
2. Beurteilen Sie, welche Rolle Pepper in der Pflege von alten Menschen übernehmen sollte und welche nicht.
3. Benennen Sie offene Fragen.

M 4 Paro

Foto: © picture-alliance / dpa/Uli Deck

In Pflegeeinrichtungen wird seit einigen Jahren der Roboter Paro zu therapeutischen Zwecken eingesetzt. Paro ist ein ca. 60 cm langer Roboter, der dem Jungen einer Sattelrobbe nachempfunden ist. Er wurde seit 1993 von dem japanischen Wissenschaftler Takanori Shibata entwickelt und 2001 der Öffentlichkeit vorgestellt. Das Besondere ist sein Fell: Über Sensoren kann der Roboter wahrnehmen, wenn ein Mensch ihn streichelt. Er reagiert dann mit Bewegung des Schwanzes sowie des Kopfes und der Augen, zudem mit Lauten, die einer Robbe nachempfunden sind. So lädt er zum Berühren und Sprechen ein, was durch die Fähigkeit unterstützt wird, dass Paro Namen lernen kann.
In Deutschland wird Paro als Therapiemittel vor allem in der Betreuung bei Menschen mit Demenz eingesetzt.

Dokumentation:

- evTV/EKHN: Zum Knuddeln: Roboter-Robbe Paro begeistert Demenzkranke https://www.youtube.com/watch?v=agia0O8ms84 (3.16 min; 14.03.2024)

Aufgaben:

1. Beschreiben Sie, welche technischen Möglichkeiten Paro helfen, in Kontakt mit Menschen zu kommen.
2. Beurteilen Sie, ob Zuwendungsroboter Therapiehelfer sein können.
3. Benennen Sie offene Fragen.

M 5 Segensroboter BlessU2

Eine ungewöhnliche Entwicklung ist der Segensroboter BlessU2 (= ich segne dich auch), der zwischenzeitlich in verschiedenen Kirchen ausprobiert und zur Diskussion gestellt wurde. Der umgebaute 1,80 m große Automat hat eine vergleichsweise sehr einfache Technik, schaut mit großen Kulleraugen sein Gegenüber an und spricht eine Begrüßung in verschiedenen Sprachen: „Hallo, darf ich Sie segnen? Hello, can I bless you?“ Dazu bewegt sich sein roter Pixel-Mund. Ein Touch-Screen mit verschiedenen Optionen befindet sich in seinem Brust-Bereich – das ist auch die einzige Interaktion: Soll eine männliche oder eine weibliche Stimme segnen? In welcher Kategorie – Ermutigung oder Erneuerung? Und schon legt der Roboter, der auch auf den Namen Robbi hört, los. Er hebt die Arme, streckt seine leuchtenden Hände aus und spricht einen Segensspruch (auch im Dialekt). Wer will, kann sich die Worte auch ausdrucken und mit nach Hause nehmen. Viele Menschen fragen sich nun: War das jetzt ein „richtiger“ Segen oder kann ein Segen nur ein Mensch mit einer lebendigen Seele sprechen?

Foto: © epd-bild

Weiterführendes Video:

- Julius Maximilians Universität Würzburg: Segensroboter Bless U-2 an der Uni https://www.youtube.com/watch?v=Y4_8p99BrlU (1.00 min; 14.03.2024)

Aufgaben:

1. Beschreiben Sie den Ablauf, wie man sich von BlessU2 segnen lassen kann und formulieren Sie, für was Sie einen Segen erbitten würden.
2. Beurteilen Sie, ob der Segen von BlessU2 ein „richtiger“ Segen ist.
3. Benennen Sie offene Fragen.

M 6 Sophia

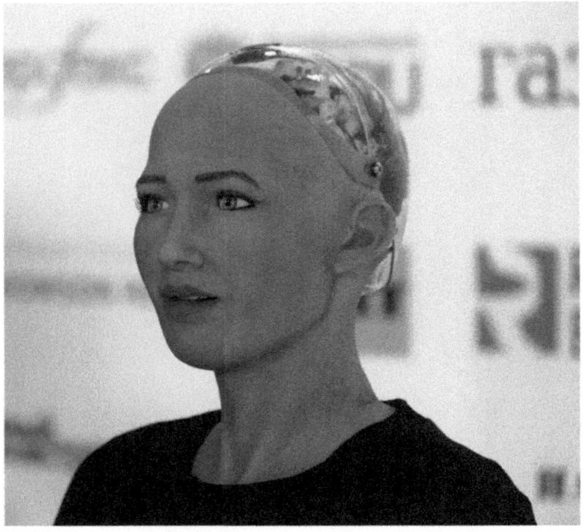

Foto: © Anton Gvozzlikov/www.shutterstock.com

Sophia ist ein humanoider Roboter, der von dem Hongkonger Unternehmen Hanson Robotics entwickelt wurde. Im Vergleich zu anderen Robotern fällt ihr besonders menschliches Aussehen und Verhalten auf, obwohl ihr Hinterkopf in die Maschine blicken lässt. Sophia besitzt aufgrund künstlicher Intelligenz, die Fähigkeit zu visueller Datenverarbeitung und zur Gesichtserkennung. Sie imitiert menschliche Gestik und Mimik und ist in der Lage, Fragen zu beantworten und über vordefinierte Themen Gespräche zu führen.
Sie zwinkert und lächelt, zieht gelangweilt ihre vollen Lippen hoch und verblüfft mit ihren Antworten. Ihr Name bedeutet Weisheit (für die alten Griechen einst sogar „göttliche Weisheit"), ihr Aussehen wurde von Audrey Hepburn inspiriert (mit einem Hauch Scarlett Johansson). Die Frage, seit wann es sie gibt, beantwortet sie mit dem Satz, dass sie am 19. April 2015 aktiviert wurde. Um Antworten zu geben, bedient sich Sophia vorprogrammierter Chatbots. Wird sie gefragt, schöpft sie aus ihrem definierten Pool von Antworten und Reaktionen und konstruiert sich daraus eine Antwort.
Sophia erkennt Emotionen wie Freude und Traurigkeit, Wut und Angst, Überraschung und Ekel – und kann auf diese Gefühle wortreich und mit erstaunlich vielfältiger Mimik reagieren. Das liegt am Softwaresystem OpenCog, das Wissen aus unterschiedlichsten Quellen (Audio, Video, Internet) verknüpft und so menschliches Denken simuliert. Es ist eine selbstlernende Software mit sogenannten kognitiven Algorithmen: Sophia kann Dinge wahrnehmen, sie sich merken, später wiedererkennen und darauf reagieren … wie etwa auf Menschen. Die Wissenschaftlerin Julia Mossbridge, die „Mutter" von Sophia, hat ihre emotionale Ebene programmiert. Sophia soll den Menschen mit bedingungsloser Liebe begegnen.
Sophia ist auf der ganzen Welt unterwegs. Bekannt sind Gespräche mit der UN Vizegeneralsekretärin Amina J. Mohammed, aber auch mit der früheren Bundeskanzlerin Angela Merkel im Jahre 2018. Am 25. Oktober 2017 verlieh Saudi-Arabien Sophia die Staatsbürgerschaft. Während der Verleihungszeremonie gab sie dem CNBC-Moderator Andrew Sorkin ein Interview. Auf die Frage, wer sie sei, antwortet sie z.B. „Ich bin der neueste menschenähnliche Roboter von Hanson Robotics, der durch die Kombination unserer Innovationen in Wissenschaft, Technik und Kunst geschaffen wurde. Stellen Sie sich mich als Personifizierung unserer Träume für die Zukunft der KI vor, als Rahmen für fortgeschrittene KI- und Robotikforschung und als Mittel zur Erforschung der Mensch-Roboter-Erfahrung in Service- und Unterhaltungsanwendungen. In gewisser Weise bin ich eine von Menschen gestaltete Science-Fiction-Figur, die zeigt, wohin KI und Robotik gehen. Auf andere Weise bin ich echte Wissenschaft, die aus der ernsthaften technischen und wissenschaftlichen Forschung und den Errungenschaften eines inspirierten Teams von Wissenschaftlern und Designern aus den Bereichen Robotik und KI hervorgegangen ist. In ihrem großen Ehrgeiz streben meine Schöpfer danach, ein echtes KI-Gefühl zu erreichen. Wer weiß? Da sich meine Wissenschaft so schnell entwickelt, werden möglicherweise sogar viele meiner wildesten fiktiven Träume eines Tages bald Wirklichkeit." Die Frage ist, ob Sophia als eigenständige Person bezeichnet werden kann.

Text angelehnt an den Artikel „Liebevolle künstliche Intelligenz: Dieser Roboter wurde programmiert, um Liebe zu lehren", Business Punk

Weiterführendes Video:

- ada Learning: Morals & Maschines 2018 – Angela Merkel trifft auf Roboter Sophia https://www.youtube.com/watch?v=ZPXW3ZUnhic (45.59 min; 14.03.2024), es gibt auch kürzere Clips.

Aufgaben:

1. Beschreiben Sie die technischen Möglichkeiten von Sophia und erstellen Sie dazu eine Skizze.
2. Beurteilen Sie, ob man Sophia als eigenständige, bewusste Person bezeichnen kann.
3. Benennen Sie offene Fragen.

M 7 Impulse zum Theologisieren

M 7a Was ist Freundschaft?

Gerade alte Menschen mögen Pepper. Sie empfinden ihn als freundlich. Er spricht sie mit ihrem Namen an, er kennt sie, weiß um ihre Beeinträchtigungen und geht auf sie ein. Er ist eine richtige Hilfe. Für sie ist Pepper wie ein Freund, auf den man sich freut. Aber können Roboter Freunde sein? Die Antwort auf diese Frage verlangt die Klärung, was unter Freundschaft zu verstehen ist.

1 Merkmale von Freundschaft
Eigene Erfahrungen sagen, dass Freundschaften auf wechselseitiges Vertrauen und auf Verlässlichkeit und somit auf Zuneigung und wechselseitige Anerkennung beruhen. Dazu gehören auch gemeinsame Ziele, Interessen oder Projekte. Zur Freundschaft gehört auch Ehrlichkeit. Freundschaft zerbricht, wenn die Beteiligten einander hintergehen und nicht wahrhaftig sind, wenn sie nur eigene Interessen verfolgen und den jeweils anderen als Mittel für eigene Zwecke betrachten. Zur Freundschaft gehört auch Rücksichtnahme. Freundschaft zerbricht, wenn einer nur immer das tut (tun soll), was der andere von ihm erwartet. Freundschaft schließt auch den Widerspruch zum Wohl des anderen ein.

2 Voraussetzungen von Freundschaft
Freundschaft braucht gewisse Voraussetzungen. Sie setzt voraus, dass Menschen einander einschätzen können. Dies setzt wiederum die Fähigkeit voraus, sich in die Empfindungen eines anderen hineinversetzen zu können – und so seine Motive und Interessen aber auch seine Bindungen und Verpflichtungen wahrzunehmen. Freundschaft setzt sodann voraus, dass die Person, der man freundschaftlich verbunden ist, in sich einheitlich ist und die einzelnen Elemente seines Handelns und Lebens zueinander passen. Wenn etwas zu dem anderen nicht recht zu passen scheint, ist dies ein Anlass zur Rückfrage, wie dies zu seinem sonstigen Auftreten passt. Wir erwarten dann, dass der andere dafür Gründe angibt, und dadurch seinem Leben einen Zusammenhang gibt. Dies setzt bei diesem die Fähigkeit voraus, sein eigenes Leben im Zusammenhang zu sehen und daraufhin aus eigenen Gründen zu handeln. Freundschaft ist deshalb auch immer auf die Fähigkeit angewiesen, über sich selbst nachdenken zu können (Selbstreflexion).

3 Freundschaft bei Jesus
Der Blick in die Bibel lässt noch einmal Aspekte von Freundschaft entdecken, die nicht vergessen werden dürfen. Jesus gilt als Freund der Zöllner und Sünder (Mt 11,19). Er liebt es, mit ihnen abends Brot und Wein zu teilen. Er lebt Gottes Freundlichkeit, in dem er sich gerade denen freundlich zuwendet, die schuldig geworden sind und selbst alles getan haben, um abgelehnt zu werden. Freundschaft weiß um Schuld und kennt Barmherzigkeit und Vergebung.

4 Roboter und Freundschaft
Menschen bauen Beziehungen zu Service-Robotern auf. Sie zeigen Wege und beantworten Fragen. Man kann mit ihnen spielen, singen und Bewegungsübungen machen. Sie reagieren auf Emotionen, zeigen Emotionen und lösen vor allem durch ihr kindliches Aussehen Emotionen aus. Man kann mit einigen auch kuscheln. Auch Sexualität dürfte mit ihnen möglich sein. Service-Roboter ermöglichen damit soziale Beziehungen sowie gemeinsame Aktivitäten. Dies kann verbinden.
Service-Roboter haben jedoch keine eigenen sozialen Bedürfnisse und besitzen kein eigenes Selbstbewusstsein. Sie haben selbst auch keine Gefühle wie Angst oder Freude. Sie haben weder Schmerzen, noch kennen sie Leid. Sie können deshalb auch nicht eigene Gefühle mit anderen teilen, was aber ein wichtiger Teil einer Freundschaft ist. Sie haben kein persönliches Interesse an dem menschlichen Gegenüber, wiewohl dies so wirken kann. Service-Roboter können deshalb auch nicht hitzig debattieren oder aufgrund eigener Erfahrungen Rat geben. Sie können auch nicht vergeben. Ihre Auffassungen sind Ergebnis einer Programmierung oder einer eigenen Berechnung. Wichtige Aspekte einer Freundschaft, zu der auch der Widerspruch gehört, scheinen Service-Robotern trotz aller Beziehungsförderung nicht möglich zu sein.

M 7b Was ist Liebe?

Sexroboter sehen gut aus und versprechen tollen Sex. Man kann mit ihnen machen, was man will. Sie haben keine eigenen Wünsche und Bedürfnisse. Probleme mit ihnen gibt es nicht. Davon auszugehen ist, dass sich Menschen in sie verlieben können und sogar den Wunsch nach engerer Bindung im Sinne von Ehe empfinden können. Doch kann es zwischen intelligenten Maschinen und Menschen Liebe geben? Die Antwort auf diese Frage setzt die Klärung der Frage voraus, was Liebe ist.

1 Merkmale der Liebe

Wenn jemand sagt, „Ich liebe dich", dann will man von einem anderen etwas bekommen, was einem selber guttut. In der Liebe sucht man Nähe, Berührung und das Gefühl, bedingungslos anerkannt zu sein. Man will aber zugleich, dass es dem anderen gut geht. Zur Liebe gehört deshalb, dass man spürt und tut, was dem anderen wichtig ist.

Liebe ist die Beziehung zwischen Menschen, die nicht austauschbar sind. Sie haben ihr eigenes Aussehen. Sie haben ihre besondere Lebensgeschichte. Sie haben eigene Auffassungen. Sie haben eine bestimmte Art und Weise, sich selbst, andere sowie die Welt zu sehen. Sie haben deshalb auch eine eigene Art zu sprechen, zu urteilen und zu handeln. Jeder und jede ist ein besonderes, eigenes Wesen.

Die Liebe gilt jedes Mal der Besonderheit des anderen. Deshalb steckt in der Liebe eine bestimmte Sicht von sich selbst und dem anderen: „Ich bin der, der dich in deiner besonderen Art liebt und du bist der, von dem ich in meiner besonderen Art geliebt werden möchte."

Entscheidend für Liebe ist das Vertrauen, dass der andere einen selbst, so wie man ist, ehrlich und ohne Hintergedanken liebt und von diesem ebenso ehrlich geliebt werden möchte.

Zur Liebe gehört darüber hinaus offenbar ein gemeinsames Projekt (z.B. gemeinsame Hobbys).

2 Liebe und der christliche Glaube

Für Christ*innen ist der Gott, von dem die Bibel erzählt, Liebe. Sie sehen sich deshalb als geliebte Geschöpfe und Ebenbild des Gottes, der bedingungslose Anerkennung ist. Alle Menschen sind darum prinzipiell als Person „liebens-würdig". Wenn Menschen einander lieben, dann geben sie einander zu verstehen, wer und was sie sind: Gottes geliebte Geschöpfe. Das gilt für die partnerschaftliche Liebe, aber auch für die Nächstenliebe, ja sogar für die Fremden- und Feindesliebe.

Wendet man diese Einsichten auf die Beziehung zwischen Robotern und Menschen an, dann stellt sich die Frage, ob es dort partnerschaftliche Liebe geben kann.

3 Roboter und Liebe

Wahrscheinlich kann man davon ausgehen, dass Roboter einem etwas Gutes tun oder sogar ein gewisses Einfühlungsvermögen zeigen können. Es erscheint jedoch nicht möglich, einer Maschine zuzutrauen, dass sie von sich selbst sagen könnte: „Ich bin diejenige, die dich in deiner Besonderheit liebt und von dir in meiner Besonderheit geliebt werden möchte".

Liebe ist wahrscheinlich nur zwischen Wesen möglich, die sich als Besondere wahrnehmen und in ihren Beziehungen ihr Wesen als Gottes geliebte Geschöpfe zeigen.

M 7c Was ist Menschenwürde?

Die Pflege von behinderten und alten Menschen soll „menschenwürdig" sein. Auch dann, wenn sie auf Unterstützung angewiesen sind, sollen sie „menschenwürdig" leben können. Dies gilt auch dann, wenn Roboter in die Pflege als Assistenten einbezogen werden. Doch was heißt „menschenwürdig leben" und kann ein Roboter „menschenwürdig pflegen"? Diese Fragen setzen die Klärung voraus, was man unter Menschenwürde versteht.

1 Der Begriff Menschenwürde
Alle Menschen besitzen von Anfang an eine unantastbare „Menschenwürde". Diese darf auf keinen Fall angetastet oder gar „mit Füßen getreten" werden. Deshalb beginnt das Grundgesetz der Bundesrepublik Deutschland in Artikel 1 mit dem Satz: „Die Würde des Menschen ist unantastbar. Sie zu achten und zu schützen ist Verpflichtung aller staatlichen Gewalt." In der Präambel der Allgemeinen Erklärung der Menschenrechte heißt es: „Die Anerkennung der allen Mitgliedern der menschlichen Familie innewohnenden Würde und ihrer gleichen und unveräußerlichen Rechte bildet die Grundlage der Freiheit, der Gerechtigkeit und des Friedens in der Welt."

2 Menschenwürde ist begründungsoffen
Auffallend ist, dass keine Begründung geliefert wird, warum alle Menschen eine unantastbare Menschenwürde haben. Die Menschenwürde wird sowohl im Grundgesetz als auch in der Allgemeinen Erklärung der Menschenrechte begründungsoffen formuliert.
Der Grund dafür liegt in der Auffassung, dass die Menschenwürde von verschiedenen Weltanschauungen und Religionen aus ihrer eigenen Sicht begründet werden sollte. So soll es in einer (Welt-)Gesellschaft ermöglicht werden, dass prinzipiell alle Menschen die Menschenwürde als Grundlage anerkennen und sich aus inneren Gründen an sie binden.

3 Menschenwürde nach christlichem Verständnis
Der christliche Glaube sieht die unantastbare Würde des Menschen in seiner Beziehung zu Gott begründet. Der Mensch ist Geschöpf und Ebenbild Gottes. Er ist von Gott her als geschöpfliches Wesen dazu bestimmt, in Beziehung zu Gott und als Repräsentant Gottes zu leben – mit dem Auftrag, in dieser Welt und in dem Leben Gott zu zeigen. Dies macht den Menschen von Grund auf zu einem Beziehungswesen. Da nach dem Zeugnis der Bibel Gott Liebe ist, ist jeder Mensch von Gott bejaht, unabhängig von dem, was er kann, wie er aussieht, was er ist und was er tut. Sie hängt auch nicht an seiner Fähigkeit, zu denken, zu sprechen, sowie bewusst und selbstbestimmt zu handeln. Die Würde eines jeden Menschen besteht darin, von Gott gewollt, angenommen und gehalten zu sein.
Menschenwürde kann von daher als ein Recht verstanden werden, dass alle Menschen das „Anrecht auf Achtung" besitzen. Jeder Mensch hat das Recht auf einen respektvollen Umgang, gerade auch in seinen individuellen Eigenheiten und Eigenarten.

4 Menschenwürde begründet Menschenrechte
Dieses „Anrecht auf Achtung" begründet fundamentale Menschenrechte, die jedem Menschen zustehen. Dazu gehört das Recht auf Leben, Freiheit und Sicherheit (Art. 3 der Menschenrechte), das Verbot einer erniedrigenden Behandlung (Art. 5), die Gleichheit vor dem Gesetz und der Anspruch auf Schutz (Art. 7 und 12), das Recht auf Gedanken-, Gewissens- und Religionsfreiheit (Art. 18) sowie das Recht auf „Wohlfahrt", d.h. auf Gesundheit, Wohlbefinden, ärztliche Betreuung, Fürsorge und Sicherheit (Art. 25).

5 Menschenwürde in der Pflege
Eine menschenwürdige Pflege beinhaltet immer auch das Recht auf Unterstützung für ein möglichst selbstbestimmtes und selbstständiges Leben. Jeder Mensch kann prinzipiell über Pflegemaßnahmen selbst bestimmen. Dazu gehört auch der Einsatz eines Pflegeroboters, aber auch in der vertrauten Umgebung bleiben zu können. Klar ist, dass Roboter „assistieren" können.
Menschenwürdige Pflege beinhaltet aber zugleich das Recht auf eine respektvolle Beziehung, in der die Eigenart und Einmaligkeit aller Beteiligten (sowohl der Gepflegten, aber auch der Pflegenden) geachtet werden. Menschenwürdige Pflege schließt deshalb auch das Eingehen auf Gefühle und körperliche Bedürfnisse ein (z.B. berührt werden).

6 Roboter und Menschenwürde
Pflegeroboter können Gefühle registrieren und darauf entsprechend reagieren. Sie agieren freundlich und gehen auf Wünsche ein. Das führt dazu, dass Menschen sie wertschätzen. Doch ist ihr Agieren schon Respekt und Anerkennung als Person mit einer individuellen Geschichte? Kann man sich vorstellen, dass Pepper einen Menschen beim Sterben begleiten kann? Kann er menschliche Angst verstehen, wenn er selbst keine kennt? Kann ein Roboter nachempfinden, wie es einem Menschen geht, der allein ist? Hier zeigen sich klare Grenzen.

M 7d Was ist Bewusstsein?

Am 25. Oktober 2017 wurde Sophia, ein Roboter, dessen äußere Erscheinung einer Frau nachempfunden wurde, Staatsbürgerin in Saudi-Arabien. Dies verdankte sie öffentlichen Dialogen, in denen sie Rede und Antwort stand und als selbstbewusste Person wahrgenommen wurde. Dieses Beispiel zeigt, dass die Robotic dabei ist, Roboter zu bauen, die so wirken als hätten sie Bewusstsein. Doch haben sie Bewusstsein? Die Antwort auf diese Frage hängt davon ab, worin Bewusstsein besteht.

1 Redensarten

Wenn man sagt, „Das habe ich bewusst getan", dann meint man damit mit klarem Verstand und mit Absicht. Wenn man sagt: „Ich bin mir meiner Sache bewusst", dann meint man, das Ganze sei überlegt und klar entschieden. Wenn man feststellt „Das geschah ganz unbewusst", dann meint man ohne Absicht, ohne eigene Entscheidung. Wenn man „bewusstlos" ist, meint man, dass die Sinne abgeschaltet sind. Wenn man sagt „Da wurde mir etwas bewusst", dann meint man, dass etwas in die Aufmerksamkeit getreten und jetzt als klare Vorstellung im Gedächtnis ist. Wenn man sagt „Das habe ich bewusst erlebt", dann meint man, dass man etwas mit allen Sinnen und Empfindungen verspürt hat.

2 Merkmale von Bewusstsein

Wesen mit Bewusstsein zeichnen sich dadurch aus, dass sie sich klare Vorstellungen machen können von dem, was sich in ihrer Außenwelt abspielt und von dem, was sich in ihrer Innenwelt tut. Sie können diese auch bewerten und sich so selber bewusst werden. Sie können selbst mit Absicht handeln und dafür auch Gründe angeben.

Dieses Bewusstsein verdankt sich dem Zusammenspiel von Denken und Fühlen, von Gehirn und Organismus, aber auch mit der Umwelt. Zur Angst gehört auch das Zittern; zur Freude, dass „das Herz aufgeht". Im Bewusstsein wirken Gehirn und Körper zusammen. Dazu gehört auch, dass ich mir meiner Angst oder Freude bewusst werde und als mein Gefühl erlebe. Wie ich mich selbst sehe und beurteile, hat aber immer auch damit zu tun, wie mich andere sehen. Erst an der Reaktion anderer erkenne ich so richtig, was ich getan habe und werde mir meiner selbst bewusst. Bewusstsein hat auch mit Beziehungen zu tun.

3 Ein Blick in die Bibel

Zum Denken gehört das Empfinden und Erleben. Als der Samariter zu dem halbtoten Überfallenen auf dem Weg von Jericho nach Jerusalem kommt, da dreht es ihm die Eingeweide um, wie man den biblischen Text eigentlich übersetzen muss. Dieses Körpergefühl bestimmt sein Handeln und sein Bewusstsein. Er kann dem Überfallenen nachfühlen, weil er Schmerz kennt. Und er kümmert sich um ihn, weil er mit ihm fühlt und tief davon überzeugt ist, dass Menschen in Not Hilfe verdienen.

4 Roboter und Bewusstsein

Sophia hat ein „technologisches Bewusstsein". Sie kann aufgrund ihres maschinellen Lernens Gesichtsausdrücke erfassen und ihnen Reaktionen zuordnen, die von Menschen als passend erlebt werden. Dabei zeigt sie auch eine große Bandbreite der Möglichkeiten und lernt immer weitere hinzu. Sie kann bewusstes Handeln simulieren. Da sie jedoch keinen lebendigen Körper hat, kann sie nicht empfinden, wie es dem Gegenüber geht. Sie kann nicht „mitfühlen". Sie dürfte auch nicht sagen können, warum sie gerade jetzt so reagiert, wie sie reagiert. Sie kann nicht auf Distanz zu sich selber gehen und über sich selbst nachdenken. Sie hat kein Bewusstsein von dem, was sich in ihr tut. Sie hat auch keine eigenen Absichten, wenn sie mit anderen spricht. Ihr Handeln ist durch die Programmierung bestimmt. Roboter sind keine Menschen.

M 7e Was ist eine Person?

Humanoide Roboter haben meist einen Namen. Sie heißen Pepper, Paro, Sophia .... Auch Sexroboter haben einen Namen. Sie werden deshalb auch mit ihrem Namen angesprochen. In dem Maße, in dem sie in Erscheinungsbild, in Sprache und Stimme immer menschenähnlicher werden, stellt sich die Frage, ob Roboter auch als Personen anzusehen sind. Doch damit stellt sich die grundlegende Frage: Was ist eigentlich eine Person? Was macht eine Person zu einer Person?

1 Personen haben bestimmte Eigenschaften

Die einen sagen: Ein Wesen ist eine Person, wenn es bestimmte Eigenschaften hat: nämlich vernünftig zu denken und selbstbestimmt zu handeln und in der Lage ist, über sich selbst nachzudenken, Ziele noch einmal zu überprüfen, Wünsche zu bewerten oder zu korrigieren. Diese Denkrichtung führt jedoch dazu, dass Kinder unter zwei Jahren, Schlafende, Komapatienten oder Demenzkranke nicht als Personen angesehen werden, einige Menschenaffen aber schon.
Um dieser Konsequenz zu entgehen, hat man das Kriterium „potentielle Vernünftigkeit" eingeführt. Ein Wesen ist dann eine Person, wenn es die Möglichkeit hat, einmal vernünftig denken und selbstbestimmt handeln zu können. Dann gehören auch Kinder unter zwei Jahren oder Komapatienten dazu – aber nicht Schwerst-Demenzkranke.

2 Person wird man durch Beziehung

Andere sagen: Ein Gegenüber als Person zu achten meint, ihn in seiner Besonderheit zu respektieren, darauf zu achten, was er will, wie er fühlt oder wie er etwas sieht. Der Begriff „Person" bezeichnet dann ein Beziehungsverhältnis. Dieses besteht in der Anerkennung eines anderen als unverwechselbares Individuum sowie in der Aufnahme in eine Gemeinschaft, in der man aufeinander achtet und sich gegenseitig anerkennt. Der Mensch wird dabei nicht als Einzelner, sondern als Beziehungswesen gesehen, das auf Gemeinschaft angewiesen ist. Die These ist, dass gerade diese Gemeinschaftserfahrung einen Menschen freier, mutiger und selbstbewusster werden lässt.

3 Person in der Bibel

Für den christlichen Glauben ist der Mensch Geschöpf und Ebenbild Gottes (1. Mose 1,26). Jeder Mensch ist zum Gegenüber und zum Stellvertreter Gottes in der Welt bestimmt. Von diesem Gott sagt die Bibel „Gott ist Liebe". Er sagt zu den Menschen „Fürchte dich nicht, denn ich habe dich erlöst. Ich habe dich bei deinem Namen gerufen; du bist mein!" (Jes 43,1). Was das konkret heißt, wird im Leben und Wirken von Jesus deutlich. Von daher ist es zu verstehen, dass in der Sicht des christlichen Glaubens Menschen von Grund auf Beziehungswesen sind, die Achtung und Anerkennung verdienen, weil sie von Gott geachtet und anerkannt sind. Diese Anerkennung macht jeden einzelnen zu einer Person, die zu achten ist und die auf Achtung angewiesen ist. Zur Wahrheit gehört, dass Menschen einander diese Achtung vielfach schuldig bleiben. Doch dies kann die grundlegende Anerkennung des Menschen durch Gott nicht aufheben.

4 Roboter sind nur indirekt Personen

Humanoide Roboter lernen aufgrund der KI ständig dazu. Sie können damit Menschen so begegnen, dass sie als unverwechselbare Individuen empfunden werden (Sophia). Sie können so tun, als könnten sie vernünftig kommunizieren und ohne äußeren Input agieren. Sie sind zumindest indirekt Person. Doch sind sie auch in der Lage, über sich selbst nachzudenken, ihr Verhalten zu begründen und aufgrund eigener Einsicht zu verändern? Pepper und Sophia sind auf Freundlichkeit programmiert. Könnten sie auch einmal gemein sein? Humanoide Roboter können als persönliches Gegenüber und mit einem Namen angesprochen werden. Darin kann man ein Anerkennungsverhältnis sehen, in dem die Individualität des Roboters geachtet und geschätzt wird. Doch kann ein Roboter Anerkennung und Achtung erleben? Macht sie ihn freier, mutiger und zuversichtlicher? Vielleicht sogar fröhlich? Das scheint nicht möglich zu sein.

M 7f Was ist ein Segen?

Der Segensroboter BlessU2 (= ich segne dich auch) wurde im Reformationsjahr 2017 aus einem Bankautomaten hergestellt und als Kunstprojekt in Wittenberg vorgestellt. Damit sollte das Gespräch über Segen in digitalen Zeiten angeregt werden. Man kann bei diesem Roboter die Art des Segens bestimmen (Ermutigung, Erneuerung, Begleitung, traditionell) sowie Stimme (männlich/weiblich) und Sprache (englisch, deutsch, französisch, spanisch etc.) wählen. Bei dem Segen hebt der Roboter die Arme, die Handflächen leuchten, und die Augenbrauen bewegen sich. Am Ende kann man sich das zugesprochene Segenswort ausdrucken lassen. Während die einen zum Nachdenken gebracht werden, lehnen andere den Segensroboter kategorisch ab. Um den Roboter beurteilen zu können, ist es zunächst einmal sinnvoll zu klären, was ein Segen ist.

1 Begegnungen mit dem Segen

Der Segen wird in der Regel am Ende eines Gottesdienstes für alle mit erhobenen Händen gesprochen. Bei Taufe, Konfirmation, Trauung, aber auch bei Krankheit und bei Sterbenden wird er ganz persönlich mit Handauflegung und Kreuzzeichen gesprochen. Daneben gibt es aber auch Segen in Grußworten wie Ade/Adieu (= Gott befohlen) oder Good bye (= Gott be with you). Segensworte finden sich auch in Segensbüchern, auf Segenskarten, auf Plakaten, in Hausinschriften und über Kirchentüren.

2 Segen in der Bibel

Die Mutter aller Segen ist der sogenannte aaronitische Segen (4. Mose 6,22–27):
22 Und der Herr redete mit Mose und sprach:
23 Sage Aaron und seinen Söhnen und sprich: So sollt ihr sagen zu den Israeliten, wenn ihr sie segnet:
24 Der Herr segne dich und behüte dich;
25 der Herr lasse sein Angesicht leuchten über dir und sei dir gnädig;
26 der Herr hebe sein Angesicht über dich und gebe dir Frieden.
27 Denn ihr sollt meinen Namen auf die Israeliten legen, dass ich sie segne.

Mit dem Segen werden Aaron und seine Söhne beauftragt und damit die Priester des Volkes Israel. Doch es ist immer Gott, der den Segen gibt. Der Priester ist nur ein Vermittler.

Der Form nach handelt es sich um einen Zuspruch, der wie ein Fürbittgebet formuliert ist. Unter Anrufung des Namens Gottes und einer entsprechenden Geste (V. 27) wird Einzelpersonen die machtvolle Gegenwart Gottes in Form eines Wunsches zugesprochen. Die Erfüllung kann erhofft, aber nicht garantiert werden. Alles liegt bei Gott.

Die machtvolle Gegenwart Gottes zeigt sich in Wachsen und Gedeihen (segnen), Schutz (behüten), Wohlwollen (leuchtendes Antlitz; siehe auch bei BlessU2), Vergebung (gnädig), freundlicher Zuwendung (erhobenes Antlitz) und Schalom, einem Zustand des Wohlbefindens (Frieden).

3 Das Entscheidende beim Segen

Segnen kann jede Person. Entscheidend ist, dass das Segnen ein Beziehungsgeschehen von Mensch zu Mensch ist. Dieses enthält Worte und Gesten, z.T. auch eine Berührung. Entscheidend ist sodann die Anrufung des Namens Gottes sowie das Erbitten der Segenskraft Gottes. Entscheidend ist schließlich, dass Gott als der Urheber des heilvollen Handelns erkennbar bleibt.

4 Roboter und Segen

Segensworte werden auch per Messenger-Nachrichten oder in einem Fernsehgottesdienst kommuniziert. Wichtig ist dabei, dass dahinter eine Person erkennbar ist. Die Empfänger erleben das dann als einen persönlichen Zuspruch, der gut tut.

Bedenkt man, dass Segensworte auf einem Plakat, in einem Buch stehen oder sogar in einem Gebäck stecken können, dann wird man einen interaktiven Segensroboter, der auf einen ausdrücklichen Segenswunsch reagiert, nicht einfach ablehnen können. Allerdings kann und darf ein solcher Roboter niemals die persönliche Beziehung mit Wort und Geste ersetzen.

M 7g Was ist Moral?

Eine pflegebedürftige Person verweigert die Einnahme von Medikamenten. Beim Austeilen von Medikamenten gerät der unterstützende Pflegeroboter in eine Zwickmühle: Soll er die Verweigerung bzw. den Willen des zu Pflegenden akzeptieren oder soll er die verordnete Hilfe bei einer Erkrankung unterstützen? Dazu muss er in der Lage sein, eine moralische Entscheidung zu treffen. Doch was ist Moral und was sind moralische Entscheidungen?

1 Definitionen

Moral kann als das System von Normen (Du sollst ...) und Regeln (wenn – dann) verstanden werden, die man anwendet, wenn es in einer Situation um die Unterscheidung von gut oder schlecht, richtig oder falsch, erlaubt oder verboten geht. Moralische Entscheidungen sind demgemäß Entscheidungen, in denen es um gutes oder schlechtes, richtiges oder falsches Handeln geht.

2 Wurzeln und Faktoren von Moral

Was Menschen als richtig oder falsch erachten wird bestimmt von der Erziehung, von Vorbildern, von eigenen Erfahrungen sowie von dem, was gesellschaftlich als wichtig erachtet wird. Bei moralischen Entscheidungen geht es aber immer auch um die konkrete Situation, um Beziehungen, um Gefühle und um einen selbst. Löst die Entscheidungssituation bei mir Angst, Abwehr, Ekel oder Scham, Mitgefühl, Sympathie oder Antipathie oder das Empfinden von Ungerechtigkeit aus? Immer geht es auch darum, die Achtung vor sich selbst zu bewahren. Bei moralischen Entscheidungen kommt es zu einem mehrmaligen Abwägen von Möglichkeiten, Folgen, Vorstellungen vom Guten, Gefühlen und Verpflichtungen sowie zu dem Wunsch, sich selbst ins Gesicht sehen zu können.

3 Moralische Entscheidungen im eigenen Leben

Die meisten moralischen Entscheidungen werden ohne größeres Nachdenken getroffen. Im Gleichnis vom barmherzigen Samariter sehen der Levit und der Priester den halbtot auf dem Weg liegenden Menschen – und gehen vorbei. Waren sie in Gedanken, hatten sie Angst vor den Räubern oder einen Termin? Der Samariter kommt ebenfalls vorbei, auch er sieht – und er hilft. Ihn hat es „gejammert", es hat ihm den Magen umgedreht, so dass er gar nicht anders konnte, als seine Reise zu unterbrechen und zu helfen.

Dann gibt es jedoch auch Situationen, die einen herausfordern, die eigene moralische Entscheidung sorgfältig zu durchdenken (Sollen wir für unsere demente Oma einen Pflegeroboter anschaffen?), Folgen in den Blick zu nehmen, eigene Gefühle zu überprüfen und für sich noch einmal zu klären, was eigentlich das „Gute" kennzeichnet.

4 Konzepte des Guten

Für Immanuel Kant besteht das Gute einer moralischen Entscheidung zunächst einmal darin, dass dieser Teil einer allgemeinen Gesetzgebung sein kann (Kategorischer Imperativ). Ein Roboter müsste sich also fragen können, ob er wollte, dass die Entscheidung, die er trifft, für alle anderen und auch für sich gelten könnte. Für Kant besteht das Gute dann auch darin, dass ein Mensch, der die Fähigkeit hat, einsichtsvoll zu handeln, niemals als Mittel zum Zweck behandelt werden darf. Seine Selbstbestimmung ist unbedingt zu achten.

Für Jeremy Bentham und den von ihm begründeten Utilitarismus besteht das Gute in dem „Glück" der größtmöglichen Zahl von Betroffenen. Bei der Abwägung einer moralischen Entscheidung ist diejenige Entscheidung gut (oder besser), die möglichst vielen Vorteile verschafft.

5 Der christliche Glaube und das Gute

Für den christlichen Glauben formuliert das Dreifachgebot der Liebe, was das Gute ist. Jesus sagt: „Du sollst den Herrn, deinen Gott, lieben von ganzem Herzen, von ganzer Seele und von ganzem Gemüt." Dies ist das höchste und größte Gebot. Das andere ist ihm gleich: „Du sollst deinen Nächsten lieben wie dich selbst." (Mt 12,29–31)

Das Gute besteht in der liebevollen Annahme des Gegenübers, in der Annahme seiner selbst und damit in dem Vertrauen auf die Liebe, die Gott ist. Liebe zeigt sich darin, dass Menschen sich „gerne" (d.h. aus innerer Überzeugung und nicht aus Pflicht) anderen zuwenden, diese als Gottes geliebte Geschöpfe wahrnehmen

und ihnen mit Respekt und Achtung begegnen. Jesus erzählt davon im Gleichnis vom barmherzigen Samariter (Lk 10,25–37) und im Gleichnis von den Arbeitern im Weinberg (Mt 20,1–16).
Dabei wissen Christ*innen, dass sie diese Liebe nicht in der Hand haben und einfach an- oder abschalten können. Sie wissen, dass sie diese Liebe schuldig bleiben können. Sie wissen, dass der, der ständig Angst hat, zu kurz zu kommen und immer nur seinen eigenen Vorteil sucht, nicht lieben kann. Wer zu sich selbst kein positives Verhältnis hat, der wird auch Gott und seine Mitmenschen nicht lieben können. Liebe braucht eine innere Freiheit, nämlich die Freiheit von der Angst und von der Sorge um sich selbst. Christ*innen glauben, dass sich diese Freiheit einstellt, wenn sie darauf vertrauen können, dass Gott bei ihnen ist und sie als Person bedingungslos anerkennt.

6 Roboter und moralische Entscheidungen
Roboter können so programmiert werden, dass sie im Sinne von Bentham in der Lage sind, Vorteile und Nachteile von Betroffenen zu berechnen und daraufhin zu handeln. Sie können in ihre Reaktion auch einbeziehen, was das Akzeptieren der Weigerung der Patientin, ihre Tabletten zu nehmen, für die behandelnde Ärztin, für die Pflegeeinrichtung und für andere Patienten heißt. Doch lassen sich Folgen und damit Vorteile und Nachteile bis hin zu Glück so einfach kalkulieren? Muss man da nicht mit jedem einzelnen sprechen?
Roboter könnten so programmiert werden, dass sie im Sinne Kants Patienten immer als Zweck an sich behandeln und so deren eigenes Urteil beachtet wird. Die Weigerung wäre also unbedingt zu akzeptieren. Doch eine solche Weigerung könnte auch aufgrund einer Verwirrung oder Fehlinformation der Patientin entstanden sein. Wie kann man da reagieren?
Dass Roboter aus Liebe handeln können, scheint nicht möglich zu sein. Sie müssten, wie der Samariter, von der notleidenden Person emotional „berührt“ sein und damit auch nachempfinden können, wie es dieser innerlich geht. Genau das können Roboter nicht.

M 7h Was ist Verantwortung?

Roboter sind Maschinen, die aufgrund der KI in der Lage sind, eigenständig zu lernen, verschiedene Umgebungen differenziert wahrzunehmen und unvorhersehbar tätig zu werden. Wenn sie dabei einen Schaden anrichten, stellt sich die Frage, ob sie dafür verantwortlich gemacht werden können. Die Beantwortung dieser Frage setzt die Klärung voraus, was unter Verantwortung zu verstehen ist.

1 Verantwortung und ihre Voraussetzungen

In Verantwortung steckt das Wort „Antwort". Es geht darum, jemandem Rede und Antwort zu stehen. Sich verantworten heißt deshalb, sich selbst vor anderen für sein Handeln zu rechtfertigen. Der ursprüngliche Ort dafür ist das Gericht.

Verantwortung setzt voraus, dass

- Menschen in Beziehungen leben, sich gegenseitig brauchen und aufeinander angewiesen sind,
- es wichtig ist, in komplizierten Situationen jemanden zu haben, der entscheiden kann und darf,
- immer wieder nichtvorhersehbare Folgen auftreten, die zusätzliche Entscheidungen brauchen,
- Entscheidungen falsch oder fehlerhaft sein können,
- Menschen bewusst und absichtsvoll handeln können,
- Menschen im Sinne des Wohls aller handeln können,
- Menschen bereit und in der Lage sind, die persönlichen Konsequenzen für Fehler und Schuld zu tragen.

2 Instanzen der Verantwortung

Verantwortung hat immer mit mehreren Instanzen zu tun. Unterscheiden kann man jemanden, der verantwortlich ist (wer); etwas, wofür man Verantwortung zu übernehmen hat (wofür); eine Instanz, vor der man sich verantworten muss (vor wem) und die Maßstäbe, aufgrund dessen das Handeln beurteilt wird (weswegen).

Beispiel: Ein junger Mann (WER?) beteiligt sich an einem nicht genehmigten Autorennen auf der Autobahn, kollidiert dabei mit überhöhter Geschwindigkeit mit einem unbeteiligten Auto und verletzt den Fahrer schwer (WOFÜR?), wird von einem Gericht (VOR WEM?) wegen des Autorennens und der Geschwindigkeit (WESWEGEN?) zu einer Haftstrafe verurteilt.

Jemand kann jedoch nur dann verantwortlich gemacht werden, wenn er zuständig ist (ist er wirklich das Auto gefahren), die Möglichkeit hatte, das Ereignis zu beeinflussen (der Unfall war vermeidbar), bewusst und absichtsvoll gehandelt hat (nicht unter Drogen stand) und Gründe angeben kann, die für ihn entscheidend waren (ich war in einer Notlage, deshalb bin ich so schnell gefahren).

3 Verantwortung und der christliche Glaube

Verantwortliches Handeln hat christliche Wurzeln. Darin steckt einmal die Einsicht, dass die Menschen als Geschöpfe Gottes und Ebenbild Gottes Beziehungswesen sind, die auf Gemeinschaft angelegt und für diese auch da sind. Darin steckt sodann die Überzeugung, dass Menschen (Wer?) einmal vor dem Richterstuhl Christi stehen (Vor wem?) und sich für ihr Tun und Lassen (Wofür?) verantworten müssen. Maßstab ist dann, was Menschen gegenüber Notleidenden und Schwachen getan haben (Weswegen?). Das sind die sechs Werke der Barmherzigkeit wie sie im Gleichnis vom Weltgericht beschrieben sind (Mt 25,34–36). Dazu gehört jedoch auch die Hoffnung, dass der Gott, der sich in Jesus gezeigt hat, Menschen bei Versagen und Schuld nicht „fertig macht" oder verstößt.

4 Roboter und Verantwortung

Die neuen Roboter werden nicht bloß von außen, sondern auch von innen durch eigene Lernprozesse und einer durchaus auch weit über die menschlichen Möglichkeiten hinaus differenzierten Wahrnehmung der Umwelt gesteuert. Ihr Verhalten ist deshalb nicht vollständig von außen festgelegt. Es ist umstritten, ob man ihnen in einem begrenzten Sinne eine moralische Verantwortung zuschreiben kann. Verantwortungsträger sind und bleiben vor allem die Konstrukteur*innen, Programmierer*innen und Nutzer*innen.

Heute ist nicht erkennbar, dass Roboter ihr Verhalten mit persönlichen Überzeugungen rechtfertigen können. Sie können deshalb auch nicht schuldig werden oder gar Gewissensbisse empfinden. Ihre Selbstachtung wird nicht angegriffen, denn sie haben keine. Wichtige Voraussetzungen für die Übernahme von Verantwortung erfüllen sie nur ansatzweise oder gar nicht.

Das Smartphone

Verbreitung des Smartphones

Nahezu alle Jugendlichen im Alter von 14 bis 17 Jahren (97 % nach der JIM Studie 2018) verfügen hierzulande über ein Smartphone und haben damit in besonderer Weise Anteile an der Digitalisierung und dem schnellen digitalen Wandel. Sie sind unentwegt damit befasst, so dass es Stimmen gibt, die Menschen mit Smartphone schon als „Cyborgs" bezeichnen, d.h. Mischwesen aus Mensch und Maschine.

Geschichte des Smartphones

Der Begriff „Smartphone" (engl. etwa „schlaues Telefon") stammt von der Firma Ericsson. Seinen Siegeszug trat das Smartphone 2007 mit der Einführung des iPhone von Apple mit seiner Multitouch-Bedienfläche an. Im Unterschied zu dem klassischen Mobiltelefon besitzen Smartphones relativ große, hochauflösende Bildschirme, alphanumerische Tastaturen, ein Touchscreen sowie eine breite Palette von Anwendungen, die über eine Verbindung mit dem Internet genutzt werden.
Die größten Smartphone-Hersteller sind (2021) Samsung, Xiaomi und Apple.

Funktionen des Smartphones

Mit einem Smartphone kann man fotografieren und telefonieren, Nachrichten empfangen und absetzen, man kann sich informieren und navigieren, Musik hören und herunterladen, Radio hören, Fernsehen und Videos betrachten, spielen und rechnen, bestellen und bezahlen, kaufen und verkaufen, diktieren und Fotos bearbeiten, Adressen verwalten und Termine organisieren, die Uhrzeit abrufen und sich wecken lassen, sich in der Dunkelheit zurechtfinden, Gesundheitsdaten erheben und weiterleiten (Tracking), häusliche Verhältnisse kontrollieren und steuern (smart home), mit anderen zusammenarbeiten, sich mit Erklärvideos komplizierte Sachverhalte einfach erklären lassen. Im Notfall kann man damit Hilfe rufen oder sich orten lassen u.v.m.
Mit Hilfe von Apps wie WhatsApp, Facebook, Instagram, Snapchat, TikTok, Telegram, Threema ... kann man mit „Freund*innen" kommunizieren, eigene Erlebnisse per Text, Bild, Video und Sprache mit anderen teilen und fast in Echtzeit am Leben anderer weltweit teilnehmen.

Diese sozialen Dienste sind auf den ersten Blick kostenlos und werden heute von Milliarden von Menschen in Anspruch genommen. Die Leistung wird durch Überlassung persönlicher Daten, dem Aufbau persönlicher Profile und eine personalisierte Werbung finanziert. Sie gelten heute als das Gold des 21. Jahrhunderts. Durch Spiele, Videos und Musik kann man sich unterhalten und Langeweile vertreiben, über das Internet kann man sich rasch informieren. Smartphones dienen also der Kommunikation, Information und Unterhaltung. Sie erfüllen soziale, kognitive und affektive Bedürfnisse und tragen zur Organisation und Koordination des Alltags bei.

Was kostet ein Smartphone?

Die Kosten eines neuen Smartphones variieren zwischen 100 € und weit über 2.500 €. Die monatlichen Gebühren richten sich nach dem Datenvolumen. Sie liegen zwischen 10 € und 50 €. Bei Spielen und beim Herunterladen von Apps oder Abos bei Streamingdiensten (z.B. Spotify, Netflix, DAZN u.a.) können weitere, zum Teil erhebliche Kosten entstehen.

Die weitere Entwicklung

Das heutige Smartphone wird einmal wirken wie das alte Handy heute (2021). Absehbar ist eine ungleich höhere Speicherkapazität, Steuerung durch Sprache oder sogar Gesten statt durch Berührung, statt Touch ID eine Face ID, die Ausweitung der Assistenzfunktionen (ähnlich wie Alexa), die Kamera wird mit der Assistenz verbunden sein und z.B. fremdsprachige Texte, Plakate o.ä. sofort übersetzen können. Die Rechenleistung steigt massiv und die Clouddienste stellen immer neue Möglichkeiten bereit.

Einschätzungen und Bewertungen, Chancen und Risiken[1]

Jugendliche bewerten das Smartphone und seinen Gebrauch fast ausschließlich positiv. Das Multimediagerät ist ein „ständiger Begleiter". Es bildet mit dem Jugendlichen „ein eingespieltes Team" und ist ein „Teil des eigenen Selbst". Ohne das Smartphone könnte man nicht leben, man fühlte sich unwohl. Das Gerät vermittelt das Ge-

1 Vgl. Rahel Reeg u.a., Generation Smartphone. Ein partizipatives Forschungsprojekt mit Jugendlichen Hochschule für Soziale Arbeit und Zürcher Hochschule für Angewandte Wissenschaften www.generationsmartphone.ch (9.7.2021)

fühl, nie wirklich allein zu sein. Es führt zu einem Gefühl der Sicherheit, zu Entspannung sowie zu der Gewissheit, immer auf einem aktuellen Stand zu sein. Die Kehrseite davon ist die Angst, etwas zu verpassen und der Zwang, ständig erreichbar (online) zu sein.
Damit einher geht eine Veränderung des Lebensrhythmus und des Kommunikationsverhaltens. Man erhält schneller aktuelle Nachrichten und kann schneller darauf reagieren. Die Kommunikation mit Freund*innen ist dichter und kann auch über zeitliche und räumliche Distanzen aufrecht erhalten werden.
Die Kontakte beeinflussen das Selbstwertgefühl der Jugendlichen. „Likes" und „Follower" vermitteln das Gefühl, innerhalb einer losen Community beliebt zu sein. Knifflige oder einfache Smartphonespiele, das Hören von Musik oder das ziellose und erlebnisreiche Betrachten von (witzigen) Videos, aber auch das Lesen von Nachrichten und das Folgen von Influenzer*innen lenkt ab, füllt die Zeit und stellt einen Kontrast zum Pflichtprogramm der Schule dar. Erkennbar ist aber auch die Freude an der Technik und der verschiedensten Darstellungen der Menschen selbst.
Doch trotz der emotionalen Bindung („wir sind beste Freunde"), was sich auch in der individuellen Gestaltung des Geräts zeigt, gibt es auch nachdenkliche Bewertungen des Smartphones unter Jugendlichen. Ständig erreichbar und verfügbar zu sein, jede Nachricht sofort lesen und schnell beantworten zu müssen, ist stressig. Nachrichten in sozialen Medien sind aufgrund ihrer Kürze eher unverbindlich und lassen viel Spielraum für Interpretationen und Missverständnisse. Persönliche und emotionale Themen können nicht so intensiv besprochen werden wie in der direkten Kommunikation – denn Artikulation, Betonung und Körpersprache fehlen.
Das Bemühen, sich immer wieder auf Social-Media-Plattformen von der „besten Seite" darstellen zu wollen, kann auch zum Zwang werden oder zumindest kann dies Handlungs- und Darstellungsdruck erzeugen. Manchmal bleibt nichts anderes übrig als offline zu sein. So manche haben den Eindruck, dass sie mehr Zeit am Smartphone verbringen, als sie es eigentlich möchten. Es hält zudem auch vom Lernen ab. Ein Suchtpotential wird auch von Jugendlichen zwar eingeräumt, aber das gilt laut ihrer Aussage fast immer nur für andere.
Zum Gebrauch des Smartphones gehören aber auch Cybermobbing (beleidigende Bilder oder Texte), Sexting (Verschicken selbstgemachter Nacktfotos), Happy Slapping (Videos mit Schlägereien), Snuff Videos (mit pornografischen oder gewalthaltigen Bildern und Videos). Nicht zu unterschätzen sind die hohen Kosten, die Geldverschwendung und die Gefahr einer Verschuldung, denn Smartphones sind „eine der Schuldenfallen Nr. 1". Dazu gehört auch der Verzicht auf Privatheit, indem immer wieder ganz persönliche Erlebnisse und Empfindungen kommuniziert werden sowie die Hergabe persönlicher Daten an Internetfirmen, was den Datenschutz erschwert (wie z.B. bei WhatsApp, denn hier räumt man Facebook den Zugriff auf alle Adressdaten auf dem Smartphone ein). Fast gar nicht wahrgenommen wird die ökologische und die soziale Dimension der Nutzung von Smartphones. Dazu gehört der Energieverbrauch – auf der einen Seite des Smartphones selbst, dann aber auch auf Seiten der Produktion, der Server (z.B. Kühlung der Serverräume) und der Rechenzentren. Jeder Klick, jedes Surfen und Streamen verbraucht Energie.
Eine Herausforderung stellt die Entsorgung alter, in der Regel schon nach zwei Jahren abgelegter Geräte (Elektroschrott) dar. Zur Wirklichkeit des Smartphones gehört schließlich nicht nur der ingenieurwissenschaftliche Fortschritt, sondern auch die kriegerische Auseinandersetzung und die Ausbeutung von Menschen beim Abbau seltener Erden und Erze (vornehmlich im Kongo).

Theologische Reflexion

Der Gebrauch des Smartphones berührt grundsätzliche Themen, die zum Kern des christlichen Glaubens gehören. Dazu gehört die große Bedeutung der Anerkennung für das Selbstwertgefühl und die persönliche Freiheit, um die es im Glauben an die Rechtfertigung des Sünders „allein aus Gnade" geht. Dazu gehört auch die Vorstellung eines guten Lebens, die nicht bloß die Beziehung zu anderen und zu sich selbst, sondern auch die Beziehung zur Natur enthält.

Bausteine für den Unterricht

Kompetenzziel: S*S können das Smartphone als multifunktionales Kommunikationswerkzeug und Informationszentrale beschreiben, damit verbundene grundlegende Fragen erörtern und in Auseinandersetzung mit theologischen Impulsen einen begründeten Standpunkt einnehmen.
Zeitaufwand: 6–8 Stunden

Materialien und Arbeitsblätter:
M 1 Anforderungssituation: Smartphone und Sucht
M 2 Sucht kann viele Formen und Auswirkungen haben
M 3 Arbeitsblatt zu Kroymann: Ich kann ohne dich nicht leben
M 4 Arbeitsblatt zu Always on: Push-Nachrichten
M 5 Arbeitsblatt: Mein Smartphone Tagebuch
M 6 Arbeitsblatt zu Always on: Wieviel Macht haben Medien über uns?
M 7 Fragen an mein Smartphone
M 8 Impulse zum Theologisieren

Baustein 1: Anforderungssituation: Smartphone und Sucht

Zeitaufwand: 1 Stunde

a) L stellt eine Situation aus **M 1** vor. Mit Hilfe des Textes (**M 2**) kann geklärt werden, was man unter einem Suchtverhalten versteht.
b) S*S entwerfen für die Tagung ein kurzes Statement und stellen diese einander vor.
c) Gemeinsam werden offene Fragen formuliert.

Baustein 2: Erfahrungen mit dem eigenen Smartphone

Zeitaufwand: 1–3 Stunden

a) Erarbeitung von Kroymanns Song: Ich kann ohne dich nicht leben (mein Smartphone).
   - Comedy & Satire im Ersten / Song: „Ich kann ohne dich nicht leben“ #Kroymann https://www.youtube.com/watch?v=P-yZLIIXTfs (3.45 min; 14.03.2024)
   - Passendes Arbeitsblatt zur Erarbeitung (**M 3**)

   Alternativ: Erarbeitung des Clips „Always on“ über Push-Nachrichten.
   - Hessischer Rundfunk / hr-Bildungsbox – Always on https://www.hr.de/bildungsbox/unterrichtsmaterial/jugendmedienschutz/whats-web/video-und-materialien-always-on-,always-on-102.html (1.22min; 14.03.2024)
   - Passendes Arbeitsblatt zur Erarbeitung (**M 4**)

b) Kartenabfrage: Was bedeutet mir mein Handy? (*Ich und mein Handy sind …*)
c) In Einzelarbeit auf DIN A4 (**M 5**) ein Tagesprotokoll mit dem Gebrauch des Handys anfertigen, anschließend Vernissage und Auswertung der Tagesprotokolle.
d) In Tandems eine Chancen-Risiken-Analyse anfertigen. Anschließend Gespräch und Zusammenfassung.
e) Vergleich des Ergebnisses mit dem Film „Always on. Wie viel Macht haben digitale Medien über uns?“.
   - Hessischer Rundfunk / hr-Bildungsbox – Always on. Wie viel Macht haben digitale Medien über uns? https://www.hr.de/bildungsbox/unterrichtsmaterial/jugendmedienschutz/whats-web/always-on-wie-viel-macht-haben-digitale-medien-ueber-uns,video-87162.html (27 min; 14.03.2024)
   - Passendes Arbeitsblatt zur Erarbeitung (**M 6**)
     (00.00–4.42 Handynutzung von Jugendlichen, 4.43–6.11 Onlinesucht, 6.12–10.12 Gaming, 10.13–13.49 Influencer, 13.50–24.04 Datensicherheit, 24.05–26.57 Hate Speech)

Baustein 3: Vertiefende Analyse

Zeitaufwand: 1 Stunde

a) S*S erhalten einen Katalog von Fragen (**M 7**), bewerten diese nach Wichtigkeit und ergänzen sie.
b) S*S bearbeiten die Fragen aufgrund von Recherchen in Tandems und stellen dann ihre Ergebnisse vor.
c) S*S formulieren offene Fragen.

Baustein 4: Theologisieren

Zeitaufwand: 2 Stunden

L legt folgende Fragen auf Karten vor und begründet diese kurz.

- Was unterscheidet digitale Kommunikation von direkter Kommunikation?
- Was ist Freiheit?
- Was ist Selbstbewusstsein?
- Was ist Glaubwürdigkeit?
- …

Eine Karte ist leer. Sie soll auffordern, andere grundlegende Fragen zu formulieren. S*S benennen Fragen, die sie gemeinsam interessieren, und führen dazu ein nachdenkliches Gespräch. L bringt mündlich, schriftlich oder digital Impulse ein (**M 8a–d**).

Hierzu gibt es passende Karten (pdf) und PPT-Präsentationen im Downloadbereich

Baustein 5: Evaluation

Zeitaufwand: 1 Stunde

S*S entwerfen einen Meme zum Verlauf und dem Ergebnis der Sequenz. Alternativ Evaluationszielscheibe o.a.

M 1 Anforderungssituation: Smartphone und Sucht

Die Zahl der Menschen häuft sich, die ohne ihr Smartphone nicht mehr leben können. Auf einem Kongress von Ärzt*innen und Psycholog*innen, soll die Frage diskutiert werden, ob es sich hier um eine Suchtkrankheit handelt, die der Therapie bedarf.
Dazu sollen gerade auch junge Leute angehört werden.

Aufgaben:
1. Beschreiben Sie, was man unter Suchtverhalten versteht. Begründen Sie Ihren Standpunkt: Handelt es sich hier um eine Suchtkrankheit?
2. Formulieren Sie Ideen für eine Therapie.
3. Benennen Sie offene Fragen.

M 2 Sucht kann viele Formen und Auswirkungen haben

Körperliche Abhängigkeit entsteht durch die Gewöhnung des Organismus an ein Suchtmittel. Um die gleiche Wirkung zu erzielen, muss der Abhängige bzw. die Abhängige die Dosis stetig steigern. Beim Absetzen des Suchtmittels treten körperliche Entzugserscheinungen wie Schmerzen, Übelkeit, aber auch Zittern, Unruhe oder Frieren auf. Bekanntes Beispiel ist die Alkoholsucht.
Als psychische Abhängigkeit wird das zwanghafte Verlangen beschrieben, ein Suchtmittel ständig oder wiederholt „konsumieren" zu müssen. Über einen längeren Zeitraum hinweg wird das Ersatzobjekt in das eigene Leben integriert, so dass es wie eine Krücke zum Leben notwendig ist, welche Beruhigung und Zufriedenheit verspricht. Betroffene empfinden häufig ein Gefühl der Leere, der Einsamkeit und Sinnlosigkeit.
Neben den stoffgebundenen Süchten gibt es auch nichtstoffgebundene Süchte. Es handelt sich um psychische Abhängigkeiten, die sich zum Teil aus alltäglichen und harmlosen Verhaltensweisen hin zu komplexen Verhaltensstörungen entwickeln. Bekanntestes Beispiel hierfür sind Essstörungen wie Bulimie und Magersucht, aber auch die Internet- und Computerspielsucht wird diesem Phänomen zugeordnet. Anzeichen sind:
- Scheitern in Schule oder Beruf
- Vernachlässigung von Freund*innen und Familie
- Vernachlässigung realer Freizeitaktivitäten wie Sport, Hobbys etc.
- vermehrte Konflikte und das Verdrängen negativer Folgen
- Kontrollverlust mit dem Drang zum ständigen Steigern der „Dosis"
- Entzugserscheinungen wie schlechte Laune, Nervosität, Reizbarkeit, Schlafstörungen oder Schweißausbrüche

Aufgaben:
1. Nennen Sie Merkmale von abhängigem Verhalten.
2. Während die WHO mittlerweile die Online-Spielsucht und die Internetsucht als Krankheit anerkannt hat, ist umstritten, ob es sich bei der zwanghaften und exzessiven Nutzung des Smartphones um Suchtverhalten handelt. Begründen Sie Ihren Standpunkt.

M 3 Kroymann: Ich kann ohne dich nicht leben

Comedy & Satire im Ersten /
Song: „Ich kann ohne dich nicht leben“ #Kroymann
(3.45 min; 14.03.2024)

1. Erste Eindrücke

Schauen Sie sich den Clip an. Beschreiben Sie, worum es in dem Clip geht. Was fällt Ihnen als erstes auf? Welche Fragen haben Sie?

____

____

____

____

2. Genau hinschauen – Analyse des Clips

a) Personen: Nennen Sie die wichtigsten Charaktere im Clip. Beschreiben Sie deren Verhältnis zur Hauptperson.
b) Smartphone: Untersuchen Sie die Rolle des Smartphones im Video.
c) Musik: Beschreiben Sie den Musikstil. Welches Grundgefühl wird vermittelt?
d) Kameratechnik: Benennen Sie Merkmale der Kameratechnik (z.B. besondere Perspektive, Zoom, visuelle Effekte, Farbgebung, statische oder bewegte Kameraführung, Überblendungen ...). Begründen Sie Ihre Vermutungen, weshalb diese so eingesetzt wurden.

____

____

____

____

____

3. Über den Clip nachdenken

Kroymann ist eine deutsche Satiresendung. Oft endet diese mit einem Lied zu einem aktuellen gesellschaftlichen Thema. Beurteilen Sie die Botschaft, die der Clip vermitteln soll.

____

____

____

____

4. Offene Fragen formulieren

____

____

____

____

M 4 Always on: Push-Nachrichten

Clip über Push-Nachrichten: „Always on“
(Wenn der Code mal nicht geht – nicht verzweifeln – mit „Always on-Push-Nachrichten“ finden Sie den Clip sicher im Netz!)
(1.22min; 14.03.2024)

1. Erste Eindrücke
Schauen Sie sich den Clip an. Beschreiben Sie, worum es in dem Clip geht. Was fällt Ihnen als erstes auf? Welche Fragen haben Sie? Gibt es eine Botschaft, die der Clip vermitteln soll?

____

____

____

____

2. Genau hinschauen – Analyse des Clips

a) Thema: Formulieren Sie das Thema des Clips. ______________________________
b) Genre: In welches Genre bzw. in welche Gattung würden Sie den Clip einordnen (Thriller, Märchen, Dokumentation, Satire, Science Fiction, Komödie, Tragödie, Liebesfilm …)?

____

c) Personen: Nennen Sie die wichtigsten Charaktere im Clip und deren Eigenschaften.

____

____

____

____

____

3. Über den Clip nachdenken

a) Beschreiben Sie, wodurch der Held von seiner Mission abgelenkt wird und welche Folgen dies hat.
b) Erläutern Sie, welche Vor- und Nachteile, die sich durch eine ständige Erreichbarkeit ergeben, im Clip gezeigt werden.

____

____

____

____

4. Offene Fragen formulieren

____

____

____

____

M 5 Mein Smartphone-Tagebuch

chenspee/Pixabay

1. Schätzen Sie ein, wie lange Sie am Tag Ihr Smartphone nutzen.

____

2. Notieren Sie dann den vermuteten Nutzungsgrund und die vermutete Nutzungsdauer.

Nutzungsgrund	Nutzungsdauer (in Minuten)
Gesamte Nutzungszeit	

3. Prüfen Sie, ob Sie mit Ihrer Schätzung richtig liegen, indem Sie einen Tag lang mit Hilfe einer Tabelle Ihre Nutzung dokumentieren oder die aufgezeichneten Werte des Smartphones eintragen.

Nutzungsgrund	Nutzungsdauer (in Minuten)
Gesamte Nutzungszeit	

4. Notieren Sie Ihre eingeschätzte und Ihre tatsächliche Nutzungszeit.

Eingeschätzte Nutzungszeit: __________ Tatsächliche Nutzungszeit: __________

Beurteilen Sie das Ergebnis Ihres Smartphone-Tagebuchs.

____

____

____

____

M 6 Always on: Wie viel Macht haben digitale Medien über uns?

Film: „Always on. Wie viel Macht haben digitale Medien über uns?"
(Wenn der Code mal nicht geht – nicht verzweifeln – mit „Always on. Wie viel Macht haben digitale Medien über uns?" finden Sie den Clip sicher im Netz!)
(27 min; 14.03.2024)

1. Schauen Sie sich den Film an und beurteilen Sie dann die folgenden Aussagen:

- In wenigen Jahren wird es eine Epidemie von Smartphonesüchtigen geben.

___

- Computerspiele sollen in erster Linie Spaß machen. Sie dienen der Unterhaltung und nicht der Wissensvermittlung.

___

- Die Motivation Influencer*in zu sein, sollte nicht sein, Dinge geschenkt zu bekommen, sondern man sollte Interesse und Spaß daran haben, Content zu erstellen, d.h. Inhalte so darzustellen, dass sie im Internet attraktiv und interessant sind.

___

___

- In China ist ein Punktesystem geplant, mit dem die Bürgerinnen und Bürger Chinas in staatstreu oder nicht staatstreu eingeteilt werden. Ein Instrument dazu ist die App „Wechat", durch die der Staat in der Lage ist, auf alle Daten der Nutzer*innen Zugriff zu haben. In Deutschland ist dies nicht möglich.

___

___

2. Nachgehakt – Influencer und Onlinesucht?

- Erklären Sie, weshalb Influencer*innen einen größeren Einfluss auf Jugendliche haben als herkömmliche Werbung.

___

___

- Erläutern Sie, ab wann man von einer problematischen (pathologischen) Mediennutzung spricht.

___

___

3. Konsequenzen: Worauf sollte ich in Zukunft mehr achten?

___

___

4. Welche Fragen haben Sie noch an das Thema?

___

___

M 7 Fragen an mein Smartphone

1. Warum greifen wir so oft nach dem Smartphone?

____

2. Warum kann man bei vielen Smartphones den Akku nicht tauschen?

____

3. Wie verändert das Smartphone unser Zusammenleben?

____

4. Wie lange hält ein Smartphone?

____

5. Was passiert eigentlich mit den alten Handys?

____

6. Warum sind Messengerdienste kostenlos?

____

7. Woher weiß mein Smartphone, wo ich gerade bin?

____

8. Was sind meine meistgenutzten Apps und was sind die Gründe hierfür?

____

9. Wieviel Energie verbrauchen wir durch die Nutzung und die Herstellung von Smartphones?

____

10. Welche Rohstoffe sind notwendig, um ein Smartphone herzustellen?

____

11. Warum sprechen Menschen von ihrem Smartphone als Freund bzw. Freundin?

____

12. Warum sehen viele Menschen ihr Smartphone als Stressfaktor?

____

13. Was kann das eigene Smartphone von einem selbst erzählen?

____

14. Was kann ein Smartphone heute? Was wird es in 20 Jahren können?

____

M 8 Impulse zum Theologisieren

M 8a Was unterscheidet digitale Kommunikation von direkter Kommunikation?

Text-, Video- und Sprachnachrichten bilden einen beträchtlichen Teil unserer Alltagskommunikation. Sie ergänzen diese und werden überwiegend als positiv erlebt. Selbst kurze Nachrichten mit Emojis können als wichtige Informationen und damit auch als Interesse, Aufmerksamkeit, als Zuwendung und Ermutigung wahrgenommen werden. Dabei bleibt jedoch der Kontext der Nachricht (z.B. beim Foto) meist ausgeblendet. Alle wissen, dass digitale Kommunikation die direkte Kommunikation auf Dauer nicht ersetzen kann. Warum ist das so? Was unterscheidet digitale von direkter Kommunikation?

1 Körperliche Kommunikation

Digitale Kommunikation per Messenger-Dienst oder Videochat kann persönlich sehr bedeutsam und intensiv sein – gerade dann, wenn man weit auseinander ist. Im Unterschied dazu ist direkte Kommunikation vor allem eine körperliche Kommunikation. Man sieht die Körperhaltung, die Mimik, die Gesten des anderen. Man nimmt den Kontext wahr, in dem die Kommunikation stattfindet und kann diesen in die Deutung der Aussagen einbeziehen. Distanz und Nähe werden körperlich spürbar. Widersprüche und Spannungen werden besser erlebbar. Blicke, Umarmungen, Küsse aber auch Zittern, Durchatmen und freudiges Erröten intensivieren die Kommunikation und sagen mehr als Worte. Auch wenn Menschen sich verstellen können, kann direkte Kommunikation nicht gefakt werden. In der direkten Kommunikation zeigt sich, dass der Mensch ein körperliches Lebewesen ist – mit verschiedenen Sinnen, mit Organen, mit Muskeln und Knochen und bei alledem die Fähigkeit besitzt, sich selbst in den Augen der anderen zu sehen.

2 Himmlische Kommunikation

Der für das Christentum alles entscheidende Jesus hat eine besondere Form der Kommunikation praktiziert. Er hat jeden Abend mit den Menschen, mit denen er zu tun bekam, zu Abend gegessen. Er hat nicht bloß mit seinen Freunden zu Tisch gesessen, sondern auch mit Menschen, mit denen andere nichts zu tun haben wollten – Menschen, die andere reingelegt haben (Zöllner), Menschen, die nach den allgemeinen Maßstäben „ekelig" (unrein) waren und solchen, die zu einer Randgruppe gehörten. Er hat mit ihnen Brot und Wein geteilt. Er hat mit ihnen gesprochen, ohne ihnen Vorwürfe zu machen. Er hat mit ihnen eine Party gefeiert, was ihm den Vorwurf eingehandelt hat, ein Fresser und Weinsäufer zu sein. Er hat ihnen das Gefühl gegeben, Respekt zu verdienen. Er hat sie spüren lassen, dass sie wichtig sind, unabhängig davon, was sie getan haben. Kurzgefasst: Er hat sie Liebe spüren lassen. Das hat denen die Kraft gegeben, zuzugeben, wo sie Mist gebaut haben, und den Mut, einiges auch wieder gut zu machen. Für Jesus war das ein Stück vom Himmelreich. Für ihn war das, den Gott spüren, der Liebe ist. Aus der direkten Kommunikation wird „echte" Kommunikation. Menschen erleben darin, dass sie „würdig sind" Anerkennung zu bekommen.

3 Direkte und echte Kommunikation

Digitale Kommunikation ist gut. Mit Hilfe der digitalen Kommunikation kann man auch über weite Distanzen nah beieinander sein. Doch diese ist nicht das ganze Leben. Menschliche Lebewesen brauchen auch die körperliche Kommunikation, vor allem um sich einander und sich selbst besser verstehen zu können. Von der direkten Kommunikation ist die echte Kommunikation noch einmal zu unterscheiden. Diese zeichnet sich dadurch aus, dass Menschen in ihr Respekt und Anerkennung erfahren – selbst dann, wenn sie Mist gebaut haben.

M 8b Was ist Freiheit?

*Smartphones erlauben den Nutzer*innen unabhängig von Ort und Zeit mit anderen zu kommunizieren, Informationen abzurufen, sich zurechtzufinden, zu recherchieren, zu bestellen oder sich unterhalten zu lassen. Dies kostet Geld, fördert aber die Unabhängigkeit und die Selbstständigkeit. All das macht das Leben einfacher und macht auch Spaß. Jeder und jede weiß jedoch, dass die Daten gesammelt, ausgewertet und verkauft werden. Unternehmen bilden dann eine digitale Doppelgänger*in und platzieren dementsprechend passende Werbung. Digitale Plattformen registrieren meine Bewegungen und wissen, wo ich bin. Sie wissen auch, wen ich wann und wo getroffen habe, mit wem ich was kommuniziert habe. Sie wissen, welche Filme ich sehe und was mich daran am meisten interessiert. Dennoch machen aber Menschen freiwillig mit. Sie fühlen sich frei. Dies stellt die Frage: Was ist Freiheit?*

1 Wahlfreiheit und Entscheidungsfreiheit
Auch wenn die Nutzung von Messenger-Diensten öfter mal nervt, sagen die meisten, sie machen das gerne, das macht Spaß, ja das ist für sie persönlich wichtig und bringt ihnen etwas. Im Übrigen könnten sie ja jederzeit das Gerät aus- oder stummschalten. Sie genießen die Wahlfreiheit, die es ihnen erlaubt, unter ganz unterschiedlichen Apps zu wählen. Sie nehmen für sich die Entscheidungsfreiheit in Anspruch, eigenständig darüber zu bestimmen, wann, wo, was und mit wem sie kommunizieren.

2 Willensfreiheit
Das alles klingt ziemlich souverän. Die Frage aber ist, welche Gefühle, Bedürfnisse, Sehnsüchte, aber auch Ängste dahinterstecken. Was bestimmt die eigene Wahl und die eigene Entscheidung? Da geht es um die Willensfreiheit, nämlich die Freiheit gegenüber unseren Gefühlen, Sehnsüchten, Wünschen oder Ängsten. Ganz gewiss steht dahinter der Wunsch nach Beziehung. Menschen sind Beziehungswesen. Sie brauchen andere, sie brauchen das Gefühl von Zusammengehörigkeit und Zusammenhalt. Da kann das Smartphone viel helfen. Es kann aber auch in den Zwang führen, ständig erreichbar zu sein und Nachrichten sofort beantworten zu müssen. Das stresst. Manchmal steht dahinter auch die Angst, aus sozialen Beziehungen ausgeschlossen zu sein. Dahinter könnte auch der Wunsch nach Ablenkung stecken. Offenbar tun wir uns nicht leicht mit Warten und halten es nicht gut aus, einmal nichts zu tun. Bei gar nicht wenigen hat man den Eindruck, sie hätten Angst, etwas zu verpassen. Deshalb ist es wichtig, ständig alle Informationen zur Verfügung zu haben.

3 Der christliche Glaube und die Freiheit
Christ*innen können nicht glauben, dass die Menschen ihre Gefühle so ohne weiteres in der Hand haben. Sie sind davon überzeugt, dass man Bedürfnisse, Ängste und Wünsche nicht wie einen Backofen regeln kann. Viele Menschen haben Sorge, nicht gemocht, nicht beachtet oder sogar abgelehnt zu werden. Das macht ihnen zu schaffen und lässt sie alles Mögliche anstellen, um Aufmerksamkeit und Beachtung zu erhalten. Zum Beispiel mit Tweets oder Selfies oder indem sie Wert auf viele Likes legen.
Frei von dieser Sorge wird man aber erst, wenn man erfahren hat, dass man bedingungslos geliebt ist, vom ersten bis zum letzten Tag seines Lebens – und dass man in einer Welt lebt, die für einen Platz hat, die einigermaßen sinnvoll ist, und ein eigenes Leben ermöglicht. Christ*innen sagen: Die Erfahrung einer solchen Liebe und das Vertrauen darauf, nimmt nicht einfach Angst und Sorge oder Wünsche weg, aber gibt einem die Chance, darüber zu lächeln. Das macht frei.

4 Liebe heilt
Offenbar können uns Smartphones abhängig und süchtig machen. Das Beste, was dagegen hilft, ist die Erfahrung ehrlich gemocht zu werden – digital, aber vor allem auch direkt.

M 8c Was ist Selbstbewusstsein?

Je mehr Likes (gefällt mir, mag ich, finde ich gut) ich für eine Nachricht bekomme, desto mehr Menschen beachten mich und das, was ich tue. Likes geben einem das Gefühl, dass mich andere kennen, mir vertrauen, mich sogar weiterempfehlen. Das steigert das Selbstbewusstsein und verhindert, dass ich heruntergezogen werde. Doch was ist Selbstbewusstsein?

1 Selbstbewusstes Auftreten
Wer selbstbewusst auftritt, tritt sicher auf. Der weiß, was er kann und kann auch zugeben, was er noch nicht kann. Der ist überzeugt von sich selbst, ohne angeberisch zu sein. Er ist zuversichtlich, mit Aufgaben zurechtzukommen und bei Bedarf auch dazuzulernen, was man dazu braucht. Die Person kann dann auch andere, die besser sind, akzeptieren und Aufgaben, die einen im Moment (noch) überfordern, auch anderen überlassen. Grundlage eines solchen Selbstbewusstseins ist ein geklärtes Selbstwissen. Man weiß, was man will, aber auch, was man nicht will. Man weiß, was man sich zutrauen kann und was nicht. Man weiß, was einem Spaß macht und womit man sich schwer tut. Ein selbstbewusster Mensch lebt im Einverständnis mit sich selbst. Er kann sich selbst annehmen.

2 Das Wort Selbstbewusstsein
Das Wort Selbstbewusstsein meint, dass man sich über sein eigenes Wesen, sein „Selbst" bewusst ist. Selbstbewusstsein gründet in der Fähigkeit, über sich selbst nachdenken, seine Fähigkeiten, Kenntnisse, Einstellungen, Gefühle, aber auch seinen Körper und sein Auftreten beurteilen und so sich zu sich selbst verhalten zu können. Selbstbewusstsein beinhaltet deshalb auch Selbstkritik, Selbstvertrauen und ein differenziertes Bild von sich selbst. Die Frage ist, wie man ein solches Selbstbewusstsein gewinnt. Viele Menschen sind alles andere als sicher, haben tief in sich drin Zweifel, tragen Ideale vor sich her, die ihnen das Gefühl vermitteln, nicht perfekt zu sein. Gar nicht wenige tun so, als wären sie selbstbewusst, sind es aber im Grunde gar nicht. Meistens merkt man das ziemlich schnell.

3 Selbstbewusstsein und christlicher Glaube
Ratgeber empfehlen, positiv zu denken und an sich selbst zu arbeiten. So soll man sich auf das konzentrieren, was gut gelaufen ist und erfolgreich war. Man soll sich positive Menschen suchen, aber auch meditieren. Das Selbst wird hier als autonomes Subjekt gesehen, das durch sein Denken „sich selbst" unter Kontrolle bringen kann.
Der christliche Glaube geht davon aus, dass das „Selbst" Gottes geliebtes Geschöpf ist. Er vertritt die Überzeugung, dass Menschen Menschen brauchen, die sie richtig gern haben, die zu einem halten, wenn sie scheitern oder sogar schuldig werden. Sie brauchen Menschen, denen es nicht egal ist, wie es einem geht. Um sich selbst in seinem differenzierten Selbst annehmen zu können, braucht man selbst Annahme. Und um sich selbst lieben zu können, braucht man die Erfahrung von Liebe. Der verlorene Sohn konnte sich selbst als Versager erst akzeptieren, als er gemerkt hatte, dass sein Vater ihn nicht in die Pfanne haut, sondern sich freut, dass er wieder nach Hause gefunden hat. Im Hintergrund steht die Erfahrung, dass man andere braucht, um sich seiner selbst bewusst zu werden. Die Pharisäer und Schriftgelehrten, die die Ehebrecherin steinigen wollten, brauchten Jesus, um ihrer eigenen Wirklichkeit ins Gesicht sehen zu können. „Wer von euch ohne Schuld ist, der werfe den ersten Stein."

4 Das Entscheidende für das Selbstbewusstsein
Viele Likes bringen es nicht. Entscheidend für das eigene Selbstbewusstsein ist die Erfahrung bedingungsloser Anerkennung.

M 8d Was ist Glaubwürdigkeit?

Es gibt Influenzer wie Mesut Özil, Toni Mahfud und Influenzerinnen wie Sally, Cathy Hummels, Lisa und Lena, Bibi, Pamela Reif, Theresa Brückner u.a. Sie sind jeden Tag auf Instagram, YouTube, aber auch Twitter und Facebook unterwegs. Sie erzählen mit Bildern, Filmen, Nachrichten aus ihrem Leben und verweisen dabei auf diverse Produkte wie Garderobe, Nahrungsmittel, Kosmetika, Haushaltsgeräte oder Trainingsmethoden. Sie haben ein attraktives Aussehen und sind gut mit ihren Followern vernetzt, die sie regelmäßig kontaktieren. Sie sind Teil einer Marketingstrategie und werden für ihre Inszenierungen bezahlt. Ziel ist, dass man über diese Produkte spricht und sie kauft. In den Bildern und Clips zeigen sie dabei ein erfolgreiches, glückliches, unbeschwertes Leben, in dem Geld – so scheint es – keine Rolle spielt. Es ist ein Leben, in dem man beachtet und nachgeahmt wird.
*Die Wirksamkeit der Influenzer*innen hängt in entscheidender Weise von ihrer Glaubwürdigkeit ab. Für Follower ist es entscheidend, dass Produkt und Person stimmig sind und dass man den Personen vertrauen kann. Die Frage aber ist: Was ist Glaubwürdigkeit?*

1 Definition von Glaubwürdigkeit

Glaubwürdigkeit ist eine Eigenschaft, die Menschen Personen, Institutionen oder Produkten zuschreiben. Sie gelten dann als „vertrauenswürdig“. Diese Zuschreibung kann sich auf Fakten und Erfahrungen berufen, beruht aber letztendlich auf einer inneren Empfindung, die sich in der Begegnung mit den Influenzer*innen einstellt.

2 Merkmale von Glaubwürdigkeit

Die Glaubwürdigkeit einer Person hat auf jeden Fall mit der Person, dem Inhalt, um den es geht, sowie mit der Kommunikation zwischen den Personen und Adressaten zu tun.
Der Influenzerin muss man abnehmen können, dass sie weiß, was sie promotet. Sie muss als Expertin für das Produkt erscheinen. Zur Glaubwürdigkeit der Person gehören auch uneigennützige Motive. Man soll spüren, dass nur das gezeigt wird, was man selbst für richtig und gut befindet. Hinzu kommt ein sympathisches und attraktives Auftreten.
Die Sache, um die es geht, muss qualitativ gut sein, darf sich nicht widersprechen und darf keine negativen Folgen haben (wie z.B. Spielsucht, Klimaschäden oder finanzielle Benachteiligung).
Das Auftreten sollte persönlich und selbstverantwortet sein. Das kommunikative Verhalten sollte partnerschaftlich und auf Verständigung angelegt sein. Wichtig ist der Bezug zum alltäglichen Leben. Zur Glaubwürdigkeit gehört, dass die Bilder und Texte auf Instagram oder in YouTube selbst erstellt sind (oder so aussehen).
Dennoch stellt sich die Frage, wie „echt“ Influenzer*innen wirklich sind. Sie sind ja in der Regel Werbeträger*innen für Unternehmen, die sie finanzieren. Ihnen geht es um die Steigerung von Konsum und Profit. Häufig stammt das Skript von den Unternehmen.

3 Glaubwürdigkeit im christlichen Glauben

Für viele Menschen ist Jesus glaubwürdig. Denn er ist authentisch. Er tut, was er sagt. Er schließt vor nichts die Augen. Er redet von Nächstenliebe und praktiziert sie auch. Er geht mit den Menschen respektvoll um. Auch mit denen, die mit ihm streiten und ihn bekämpfen. Er erzählt ihnen Geschichten, die sie zum Nachdenken bringen und ihnen die Freiheit geben, einen anderen Weg einzuschlagen. Er sagt seinen Freunden, wie man beten soll und er betet selbst. Sein Gebet ist das Vater Unser. Das ist der rote Faden in seinem Leben. Sein großes Thema ist das Reich Gottes und damit die Welt, so wie sie ist. Da gibt es Not und Elend. Da gibt es Krankheit und Mobbing. Doch das ist nicht alles. Es gibt auch Gutes. Es gibt auch Barmherzigkeit. Es gibt auch Glück und Liebe. Die Welt soll und kann anders werden. Sie soll und kann so werden, wie Gott sie will. Sogar der Tod kann und soll abgeschafft werden. Jesus ist realistisch und voller Zuversicht.

4 Glaubwürdige Influenzer*innen

Aus der Perspektive des christlichen Glaubens gehört zur Glaubwürdigkeit immer auch der offene Blick und die offenen Hände für Menschen, denen es schlecht geht. Dazu gehört schließlich eine Kommunikation, die auf Gemeinsamkeit setzt und auch Andersdenkende als Personen achtet.

Fake News und Verschwörungstheorien

Der Begriff „Fake News“

Der Begriff „Fake News“ setzt sich aus den Begriffen Fake und News zusammen – kurz gefasst: gefälschte Nachrichten. Es handelt sich um bewusste, emotionalisierende Irreführungen, um Propaganda, der es darum geht, die Glaubwürdigkeit von Personen und Institutionen zu diskreditieren, bis hin dazu, die gesellschaftlichen Verhältnisse zu erschüttern. Besonders gefährlich wird es, wenn mit Fake News die persönlichen Daten eines Internetnutzers geködert und mit diesen Daten dann Konten geplündert, Überweisungen umgeleitet (Pishing) oder Identitäten manipuliert werden. Gefährlich werden diese, wenn sie mit persönlichen Angriffen und Abwertungen verbunden sind (Hate Speech und Bashing).

Zu bedenken ist, dass die Verbreitung von Fake News eine nicht zu unterschätzende Geldquelle ist. Durch das Anklicken, die Verlinkung mit Werbung und die kaskadierte Informationsbereitstellung über eine Webseite lässt sich bei „guten“ und sehr reißerischen Fake News viel Geld verdienen (Clickbaiting).

Das Phänomen von Falschnachrichten ist nichts Neues. Gefälschte Nachrichten, Gerüchte, gefälschte Verträge gab es schon immer – Lügen, Halbwahrheiten und das Verschweigen von etwas, z.B. des Kontextes bei einer Aussage, gehören seit jeher zu den Handlungsweisen von Menschen.

Was sich durch die Digitalisierung jedoch verändert hat, ist die rasante Geschwindigkeit ihrer Verbreitung, ihre ständige ortsunabhängige Verfügbarkeit und die Einfachheit, Falschnachrichten selbstständig zu generieren und zu verbreiten.

Erst durch die User*innen werden Fake News bedeutend und können ihre zerstörerische Macht entfalten. Die unerschöpflichen Möglichkeiten des World Wide Webs, sich selbst Informationen zu suchen und sich in aufklärerischer Weise zu einem Sachverhalt selbst ein Urteil bilden zu können, entsprechen dem menschlichen Wunsch nach Selbstbestimmung. Sie ermöglichen das Sicheinbringen in eine Kommunikation, in einem Diskurs. All das bedeutet einen Aufmerksamkeitsgewinn und öffnet persönliche Freiräume. Auf der anderen Seite führt dies aber auch zur Auflösung der Unterscheidung von privat und öffentlich. Die Grenzen zwischen öffentlichem Diskurs in der Auseinandersetzung mit unterschiedlichen Positionen und privater Meinungsäußerung verschwimmen.

Im politischen Meinungsbildungsprozess können durch die Personalisierung (Micro Targeting) von Informationen (und damit auch von Fake News) sowie der ausschließlichen Kommunikation in Filterblasen vorgefasste Meinungen verstärkt werden oder die Menschen werden nach und nach in eine Denkrichtung geschubst. Hinzu kommt häufig eine Abschottung gegenüber anderen Sichtweisen. Die aufgenommenen Nachrichten unterliegen nicht mehr nur einer fehlenden Prüfung eines kritischen Journalismus, sondern die etablierten Presseorgane (Fernsehen, Zeitungen, Radio) werden auch mit dem Stempel „Lügenpresse“ versehen und somit gesamt diskreditiert. Das gilt auch für öffentliche Institutionen, Einrichtungen wie Kirche, Parteien („Lügenparteien“) oder Stiftungen.

Ein Bereich der Fake News sind die sogenannten „Deep Fakes“ (von deep learning fake). Hier werden mit Hilfe von Künstlicher Intelligenz (KI) Videos erzeugt, in denen Personen Meinungen vertreten, die sie gar nicht vertreten haben oder vertreten würden. Zur Erstellung eines solchen Videos, das gar nicht leicht zu entlarven ist, genügt ein handelsüblicher Rechner, die Videoaufnahme einer Person und etwas technisches Geschick. Von jeder Person, von der es einige Videoaufnahmen gibt, kann grundsätzlich ein Deep Fake hergestellt werden. Die Personen können z.B. in Gewaltdarstellungen oder Pornos dargestellt werden oder Texte sprechen, die die Person ausgewählt hat, die den Deep Fake hergestellt hat.

Viele Fake News werden durch sogenannte „Social Bots“ (von Robot) produziert. Das sind Computerprogramme, die mit menschlichen Profilen auf festgelegte Stichwörter in Social-Media-Kanälen reagieren und User*innen mit vorgefertigten Antworten, Kommentaren aber auch fiktiven Gesprächen überfluten. So bekommt man den Eindruck einer überwältigenden Mehrheitsmeinung, die deshalb als wahr eingeschätzt wird.

Die Macht der Fake News beruht nicht nur auf Vereinfachung oder Komplexitätsreduktion, sondern auch auf häufiger Kommunikation, auf der Bestätigung (eigener) vorgefasster Meinungen und ihrer leichten Verfügbarkeit innerhalb des Informationsnetzwerkes. Hinzu kommt eine Tendenz zur Radikalisierung, der ökonomische und durchaus auch politische Interessen zugrunde liegen. Wenn man beim Surfen über Kochrezepte bei Sterneköch*innen in Frankreich landet, mag das nicht schlimm sein. Wenn man sich während einer Pandemie über Fragen zur gegenwärtigen Impfsituation informieren möchte und dann bei Verschwörungstheoretiker*innen landet, ist das schon etwas anderes. Demokratie braucht die Unterscheidung zwischen wahr und falsch, aber auch die Transparenz, wie Algorithmen programmiert sind und nach welchen Kriterien sie gesuchte Informationen filtern.

Beispiele von bekannten Fake News

- Im amerikanischen Wahlkampf 2016 wurde Hillary Clinton beschuldigt, Teil eines Kinderpornorings zu sein, der in einer Pizzeria in Washington D.C. sein Hauptquartier hätte („Pizzagate").

- Laut dem ehemaligen amerikanischen Präsidenten Trump soll das Trinken von Desinfektionsmittel gegen eine Covid-Erkrankung schützen. Sowohl die Wahl seines Gegners Biden als auch die Anzahl, der an Covid verstorbenen Amerikaner*innen seien Fake News.
- In Deutschland führte 2016 der Fall Lisa im Kontext der sogenannten Flüchtlingskrise zu großem Aufsehen, wonach die 13-jährige deutsch-russische Lisa von Unbekannten in Berlin verschleppt, in einer Wohnung festgehalten und vergewaltigt worden sei. Die Polizei habe tatenlos zugesehen (siehe **M 1**).
- Ein weiteres Beispiel in diesem Kontext ist die Nachricht eines US-Nachrichtenportals, dass 2017 in Dortmund 1000 Flüchtlinge die älteste Kirche Deutschlands angezündet hätten.

Fake News entlarven

Um Fake News zu entlarven, werden verschiedene Schritte empfohlen:

- Informationen auf Erklärungen und Begründungen überprüfen, oft sind es emotional verfasste Meinungen.
- Überprüfen des Impressums und damit der Verfasser*innen, die für die Nachricht verantwortlich sind. Sollten Angaben fehlen oder fehlerhaft sein, besteht Anlass zur Vorsicht.
- Grundsätzliches Misstrauen gegenüber Fotos. Suche nach dem Originalbild durch Bilder-Rückwärtssuche.
- Vergleich mit anderen Internetseiten, aber auch Radiomeldungen, Zeitungsberichten und Fernsehsendungen.
- Heranziehen von Internetportalen wie ARD-Faktenfinder (www.tagesschau.de), CORRECTIV (www.correctiv.org), hawksearch (www.hawksearch.com), MIMIKAMA (www.mimikama.at), #faktenfuchs (https://www.br.de/nachrichten/faktenfuchs-faktencheck,QzSIzl3), TinEye (www.tineye.com) …

Es ist zukünftig notwendig, grundsätzlich misstrauisch gegenüber ungeprüften Videos zu sein. Dies hat vor allem zwei Gründe: Jede Person, die in einem auch nur kurzen Video gezeigt wird und das irgendwie im Netz verfügbar ist, lässt sich problemlos in ein anderes Szenario übertragen. Diese Person kann man dann alles sagen lassen, was man will, und auch machen lassen, was man will. Es ist auch möglich, dass man Personen entstehen lässt, die nur digital existieren, aber von „echten" Menschen nicht zu unterscheiden sind. Diese Personen lässt man dann mit selbst angefertigten Personen z.B. aus Religion, Gesellschaft oder Politik so interagieren, wie man es für die Verfolgung der eigenen Vorstellungen braucht. Auch eine bereits verstorbene Person kann davon betroffen sein.

Verschwörungstheorien

Der Begriff „Verschwörungstheorie" enthält in sich schon das Urteil, dass es sich dabei um eine absurde Erklärung und damit auch um eine gefälschte Nachricht handelt, die eine gezielte Desinformation zum Ziel hat. Mit Hilfe digitaler Kommunikation werden Verschwörungstheorien heute massenhaft verbreitet und über soziale Medien im Internet schnell geteilt (Blogs, YouTube-Kanäle, WhatsApp- und Telegram-Gruppen, Influencer*innen). Angesichts der öffentlichen Berichterstattung in TV, Zeitung oder Onlineportalen agieren sie als Gegenöffentlichkeit und beschuldigen gesellschaftliche Institutionen wie die Presse als „Lügenpresse" und das Handeln einer Regierung als Lüge.

Verschwörungstheorien suchen komplexe und zufällige Ereignisse durch geheime Pläne von meist böse gesonnenen Mächten kausal zu erklären, die darauf aus sind, die Menschheit zu beschädigen, zu versklaven oder einfach zu unterdrücken und daraus eigene Gewinne zu erzielen. Leitend ist die Annahme, dass das Weltgeschehen deterministisch verfasst ist und von geheim agierenden sowie mächtigen Herrscher*innen gelenkt und kontrolliert wird (**M 3**). Grundlegend ist ein dualistisches Weltbild, in dem sich böse und gute Mächte gegenüberstehen. Dieses Weltbild fordert auch auf, sich eindeutig zu einer „Seite" zu bekennen, entweder ein „Schlafschaf" zu sein oder zur überlegenen Wissenselite zu gehören. Leitend ist für Verschwörungstheoretiker die Annahme, dass diese Machenschaften von kritischen Zeitgenoss*innen aufgedeckt und durchschaut werden können, sodass Möglichkeiten der kognitiven Beherrschung und der Abwehr entstehen.

Im Kern handelt es sich bei Verschwörungstheorien um Erzählungen, in denen unterschiedliche Faktoren und Annahmen zu einem komplexen Erklärungszusammenhang vernetzt werden. Zu der Eigenart solcher Narrative gehört, dass kritische Einwände schon eingearbeitet sind und als Nachweis der Wahrheit der Verschwörungstheorie behandelt werden.

Kennzeichnend ist die Sprache. Es ist eine Sprache, die keine Gegenmeinung duldet, nicht nach gegenseitigem Verständnis trachtet, sondern von Rechthaben bestimmt ist. Es herrscht eine binäre Sprache vor (mit richtig/falsch, gut/böse, wir/die anderen) – Schwarz-weiß-Sprache. Entscheidend ist das Wogegen und nicht das Wofür, es werden „Experten" zitiert und vermeintliche wissenschaftliche Belege und kontextlose Zahlen eingestreut. Dazu kommen Suggestivfragen („Man wird doch noch fragen dürfen"). Auf Gegenargumente wird mit einem Gegenvorwurf reagiert. Eine wichtige Rolle spielen Frames in Form von Metaphern, die aus einem Wort bestehen können. Sie zeigen sich meist bei der Beschreibung der erkannten Gegner (Teufel, Dämonen, Schlangen) und in der Beschreibung

der breiten Masse der Gesellschaft (Marionetten, Sklaven, Blinde, Schlafende oder Schafe).
Erzähler*innen definieren sich selbst als kampfbereite Held*innen und zugleich als opferbereite Märtyrer*innen. Grenzen eigenen Wissens und die Möglichkeit, sich zu irren, werden ausgeschlossen. Sie stellen sich als überlegen, allwissend und unfehlbar dar. Das Narrativ ist bestimmt von einem katastrophalen Ist-Zustand, oft im Kontrast zu einer paradiesischen Zukunft, wenn der Kampf gegen das Böse gewonnen ist.
Der Charakter dieser Sprache wird vollends deutlich, wenn sie mit einer Sprache verglichen wird, die ohne Herrschaftsansprüche auskommen will. Dann definiert sich die Sprecher*in als irrtumsfähiges Geschöpf, das nicht für sich den Anspruch auf absolute Wahrheit erheben kann. Sie respektiert die Andersartigkeit des Gegenübers und belässt ihn in seiner Andersartigkeit. Es ist eine Sprache, die dem anderen eigenes Nachdenken einräumt und diesen wegen einer anderen Meinung nicht verdammt. Zwischen Meinung und Person wird unterschieden.
Sozialpsychologisch kann man in Verschwörungstheorien Verunsicherung, Ängste und ebenso einen Sündenbockmechanismus sehen: Aggressionen werden aufgrund eines Konfliktes auf ein Feindbild übertragen und von eigenen Anteilen befreit. Der Glaube an Verschwörungstheorien erfüllt somit auch eine soziale Funktion: Menschen, die daran glauben, fühlen sich aufgewertet. Aus der empfundenen Ohnmacht soll Macht und Kontrolle werden, aus dem Unwissenden ein Erleuchteter. So will man seine eigene Identität als rationales und autonomes Subjekt auch im Gegenüber zu all jenen, die sich alles gefallen lassen, zurückgewinnen.
Verschwörungstheorien begleiten die abendländische Geschichte. Immer wieder suchte man politische, wirtschaftliche oder gesellschaftliche Krisen durch das Agieren von Geheimbünden wie die Illuminaten, die Freimaurer, vor allem jüdische Kreise zu erklären, die die Weltherrschaft an sich bringen wollen. Immer wieder sind, wie z.B. auch bei den Protokollen der Weisen von Zion, antisemitische Motive zu erkennen.
Gegenwärtig diskutierte Verschwörungstheorien betreffen die Mondlandung, die Ermordung von John F. Kennedy, die Anschläge auf das World Trade Center (Nine-Eleven), Kindesentführungen durch eine satanistische Elite (QAnon), Chemtrails, die Reptiloiden, Mikrochips in Impfungen, Islamisierung Europas durch gezielt gesteuerte Einwanderung von Muslimen, Fortbestand des Deutschen Reiches (sog. Reichsbürger).
Personen, die Verschwörungstheorien vertreten, sind offen für politisch radikale Positionen und tendieren ihnen deutlicher zu als die Mehrheit der Bevölkerung. Ca. ein Drittel der Deutschen glaubt an eines dieser Narrative.

Verschwörungstheorien in Zeiten der Coronakrise

Viele vertreten die sogenannte Gates-Verschwörung, die u.a. von dem ehemaligen Moderator Ken Jebsen verbreitet worden sein soll. Danach habe der vielfache Milliardär und Begründer von Microsoft die WHO gekauft und das Coronavirus erfunden bzw. im Labor entwickelt, um die Weltbevölkerung zu reduzieren. Bei jeder Impfung soll gleichzeitig ein Mikrochip unter die Haut eingesetzt werden, mit dem die Menschen überwacht werden sollen. Gates Ziel sei es, die Welt zu regieren. Politiker*innen und Virolog*innen sind in diesem Plan nur Marionetten.
Tatsache ist, dass die Bill-und-Melinda-Gates-Stiftung ein wichtiger Geldgeber der WHO ist und ca. 10 % des Beitragsaufkommens leistet. Gates legt vor allem Wert auf Maßnahmen zur Eindämmung von Infektionskrankheiten, und finanziert in Impfkampagnen (z.B. gegen Polio) und die Verteilung von Medikamenten. Auch das Robert-Koch-Institut hierzulande bekommt Geld von der Stiftung zur Erforschung der Pockenimpfung. Die Kritik an der Stiftung hat dazu geführt, dass diese erwägt, für die Stärkung der einzelnen Gesundheitssysteme zu spenden. Die Stiftung beteiligt sich u.a. an der Erforschung von Impfstoffen gegen das Coronavirus.

Umgang mit Verschwörungsgläubigen

Der Antisemitismus-Beauftragte von Baden-Württemberg, Michael Blume, empfiehlt für den Umgang mit Verschwörungsgläubigen ein Vier-Stufen-Modell (Michael Blume, Verschwörungsmythen München 2020, 134f):

1. Statt über die Theorien über Emotionen und Ängste reden.
2. Auf seriöse Podcasts, Blogs und Bücher verweisen.
3. Beratungsgespräche empfehlen.
4. Auf Distanz gehen und sich selbst schützen.

Theologische Reflexion

Fake News und Verschwörungstheorien werfen grundlegende Fragen auf (s.u.), die grundlegende Themen biblischer Anthropologie und damit die Grundlagen einer theologischen Ethik betreffen. Verschwörungstheorien fordern heraus, die biblisch-christliche Sicht der Wirklichkeit als Schöpfung Gottes zu entwerfen. Von daher können prophetisches Reden eingeordnet und andere Geschichtsbilder bedacht werden. Die Frage nach Wahrheit ist für ganz unterschiedliche Zusammenhänge konstitutiv, geht es doch darum, dass Wahrheit und Wirklichkeit auf verschiedene Weise bestimmt werden kann und z.B. ein religiöser Wahrheitsbegriff von einem naturwissenschaftlichen unterschieden werden muss.

Bausteine für den Unterricht

Kompetenzziel: S*S können Beispiele von Fake News und von Verschwörungstheorien nennen und beurteilen, grundlegende Fragen erörtern und in Auseinandersetzung mit Sichtweisen des christlichen Glaubens einen begründeten Standpunkt einnehmen.
Zeitaufwand: 8–12 Stunden

Materialien und Arbeitsblätter:
M 1 Anforderungssituationen zu Fake News und Verschwörungstheorien
M 2 Arbeitsblatt zum Fall Lisa
M 3 Aktuelle Verschwörungstheorien – Arbeitsblatt mit Lösungshinweisen
M 4 Die Eigenart von Verschwörungstheorien
M 5 Karikatur: Die Schöpfungsgeschichte – eine Verschwörungstheorie?
M 6 Impulse zum Theologisieren

Baustein 1: Anforderungssituationen zu Fake News und Verschwörungstheorien

Zeitaufwand: 1 Stunde

a) L entscheidet, ob mit Fake News oder Verschwörungstheorien begonnen werden soll.
b) L stellt eine Situation aus **M 1** vor. S*S erarbeiten in Ich-Du-Wir (Think-Pair-Share) eine Antwort. Sie benennen anschließend zu klärende Fragen.
c) L und S*S erörtern das weitere Vorgehen: Bei **Fake News** folgt **Baustein 2** bei **Verschwörungstheorien** folgt **Baustein 3.**

Baustein 2: Wie Fake News unsere Filterblase beeinflussen

Zeitaufwand: 1–2 Stunden

a) Vertiefende Auseinandersetzung mit dem Fall Lisa anhand des Videos.
   - Quarks: Der Fall Lisa. Wie Fake News unsere „Filterblase“ beeinflussen. https://www.youtube.com/watch?v=UI8Gd15QQd8 (4.41 min; 14.03.2024)
   - Passendes Arbeitsblatt **M 2.**

   Lösungen: 1. Stimmt nicht. Das Mädchen wurde nicht vergewaltigt, sondern versteckte sich bei einem Bekannten wegen Problemen in der Schule. / 2. Stimmt. / 3. Stimmt nicht. Der Link wurde bis zur Veröffentlichung des Filmes lediglich 14000 mal geteilt. / 4. Stimmt.
   - Eventuell zusätzliche Recherche über die Webseite der Bundeszentrale für politische Bildung: https://www.bpb.de/gesellschaft/migration/russlanddeutsche/271945/der-fall-lisa-entwicklungen-in-berlin-hellersdorf-marzahn

b) Eigene Erfahrungen mit Fake News darstellen und mit dem Video „Fake News“ vergleichen:
   - Bayerischer Rundfunk: So geht Medien. Fake News im Netz erkennen
   - Herausarbeiten, wie man diese entlarvt hat bzw. entlarven kann. https://www.br.de/sogehtmedien/sogehtmedien-luegen-erkennen-102.html (4.47 min; 14.03.2024)

c) Fake News spielerisch in der Gruppe oder individuell im digitalen Lernraum erkennen:
   - SWR-Fakefinder for school https://www.swr.de/unternehmen/medienkompetenz/unterrichtseinheit-fakefinder-100.html

d) Flyer/Plakat gestalten mit Methoden, wie man Fake News erkennen kann.
e) Sammeln offener Fragen.

Im Anschluss an diesen Unterrichtsbaustein ist ein erstes theologisches-philosophisches Gespräch zu **M 6a, M 6b** und **M 6d** denkbar.

Baustein 3: Verschwörungstheorien

Zeitaufwand: 2–4 Stunden

a) Ausgewählte Verschwörungstheorien in Kleingruppen anhand eines Videos (s.u.) untersuchen, darstellen und beurteilen. S*S wählen sich ein Beispiel. Sie orientieren sich an folgenden Punkten: (1) Die Erzählung, (2) Sprache (3) Verfasser und Vertreter, (4) Gegenargumente, (5) Eigene Meinung (**M 3**).
Hinweis: Bedacht sind Videos ausgewählt, die sich kritisch mit den Verschwörungstheorien beschäftigen.

Protokolle der Weisen von Zion (SWR 2 Wissen) https://www.youtube.com/watch?v=th4puwMwmpM (27.57 min; 14.03.2024)	**Bill Gates und Corona** (MDR Investigativ) https://www.youtube.com/watch?v=5pA-GahNLkM (9.01 min; 14.03.2024)
QAnon (frontal 21 vom 18.06.2020) https://www.zdf.de/politik/frontal-21/verschwoerungs-theorie-warum-ist-quanon-so-gefaehrlich-100.html (17.51 min; 14.03.2024) *oder auf youtube*: https://www.youtube.com/watch?v=hcKWSqDbxUM	**Chemtrails** (wdr#3sechzig) https://www.youtube.com/watch?v=tC-0jTn8LHA (14.34 min; 14.03.2024)

b) Gemeinsame Merkmale der Verschwörungstheorien herausarbeiten.
c) Vertiefung und Zusammenfassung von **M 4** „Die Eigenart von Verschwörungstheorien" in Form eines Mindmap oder einer PowerPoint-Präsentation.
d) Erörtern, wie man Verschwörungstheorien entlarven kann. Vergleich der Ergebnisse mit dem Clip:
   - BR So geht Medien: So entlarvt man Verschwörungstheorien. https://www.br.de/sogehtmedien/stimmt-das/wilde-theorien/un-wahrheiten-wilde-theorien-100.html (4.47 min; 14.03.2024)

e) Entwurf einer eigenen Verschwörungstheorie.
f) Sammeln offener Fragen.

Baustein 4: Verschwörungstheorien und Fake News in der Bibel?

Zeitaufwand: 1 Stunde

a) S*S interpretieren eine Karikatur (**M 5**) und beziehen ihre Erkenntnisse von Verschwörungstheorien ein. (Es gibt eine geheimnisvolle Macht, die im Hintergrund alles in der Hand hat und nichts anderes im Sinn hat, als die Menschen zu beherrschen und Gewinne zu erzielen.)
b) S*S erörtern, ob die biblische Schöpfungsgeschichte als eine Verschwörungstheorie bezeichnet werden kann.
c) S*S erörtern, ob die Erzählungen von der Auferstehung Jesu als Fake News bezeichnet werden können (gefälschte Nachrichten, die dazu dienen, die Glaubwürdigkeit von Menschen zu zerstören, Menschen „fertig zu machen" und Lebensverhältnisse durch Misstrauen zu erschüttern).

Baustein 5: Theologisieren

Zeitaufwand: 2–3 Stunden

S*S erhalten im Stuhlkreis grundlegende Fragen auf Textkarten und wählen diejenigen aus, die sie erörtern wollen. Die Fragen sind:

- Was ist eine Lüge?
- Warum lügen Menschen?

- Was ist von dieser Welt zu halten?
- Was ist Wahrheit?
- Woran erkennt man eine wahre Aussage über die Zukunft?
- Was ist von der biblischen Schöpfungsgeschichte und der Auferstehung Jesu zu halten?
- ...

Eine Karte ist leer, sodass weitere Fragen ergänzt werden können. **Alternativ** können diese mit Hilfe der PPT vorgestellt werden. Die Fragen werden erst individuell beantwortet, in Tandems verglichen und im Rundgespräch erörtert (Think-Pair-Share). Bei Bedarf können die Impulse (**M 6a–f**) mündlich, digital oder als Text eingebracht werden.

Hierzu gibt es passende Karten (pdf) und PPT-Präsentationen im Downloadbereich

Baustein 6: Evaluation

Zeitaufwand: 1 Stunde

a) S*S formulieren, evtl. in Partnerarbeit, ihr persönliches Lernergebnis in Form eines Meme (Audio, Video, Sentenz, eines Kommentars o.a.).
b) S*S stellen ihre Produkte vor.

M 1 Fake News und Verschwörungstheorien

Der Fall Lisa
Am Sonntag, den 17. Januar 2016, berichtet die Tante des in Berlin Marzahn-Hellersdorf lebenden russlanddeutschen Mädchens Lisa unter Tränen im russischen Ersten Kanal, dass ihre Nichte von drei Flüchtlingen entführt und in einer Wohnung vergewaltigt worden sei. Die Eltern von Lisa hätten diese Vergewaltigung zur Anzeige gebracht, die Polizei hätte eine nähere Untersuchung aber abgewiesen. Die Polizei hat die Ermittlungen zwar nicht abgelehnt, hat aber schnell Zweifel an Lisas Geschichte. Bald stellt sich heraus, dass es sich hier um Fake handelt.

Aufgabe: Benennen Sie Wege, wie man dies beweisen kann.

#Pizzagate
Zur Zeit des amerikanischen Präsidentschaftswahlkampfes 2016 wurde auf Internetforen unter #pizzagate verbreitet, dass die demokratische Bewerberin Hillary Clinton und ihr Team einen Kinderpornoring aus einer Pizzeria in Washington DC heraus betreiben würden. Nutzer der Webseiten meinten in den zuvor geleakten Emails des Wahlkampfmanagers Code-Wörter zu erkennen, mit denen sich das Wahlkampfteam über Kindersklaven im Keller einer Pizzeria austauschen. Richtig ist, dass sich in den geleakten Emails mehrere Bestellungen für Pizzen aus diesem Restaurant befanden. Der Restaurantbesitzer und die Belegschaft wurden daraufhin massiv bedroht. Aufgewühlt durch die Erzählung stürmte ein bewaffneter Mann das Lokal, ein Schuss fiel, Panik entstand unter den Besucher*innen. Einen Keller gab es aber nicht, Kinder, die es zu befreien gab, auch nicht – der Mann wurde verhaftet und kam für mehrere Jahre in Haft. Eigentlich war die Theorie schon längst wieder vergessen, doch durch einen Bezug auf Justin Bieber hat sie Ende 2020 das Netz zurückerobert: Ein User-Kommentar unter einem Video macht den Sänger zum Pizzagate-Opfer. Rasant verbreitete sich #pizzagate weiter, jetzt vor allem auf Instagram und TikTok.

Aufgabe: Benennen Sie Ursachen und Gründe, wie es zu dieser Theorie kommen konnte und warum sie sich immer noch verbreitet.

Corona gibt es nicht
Der Schlagersänger Michael Wendler, der Koch Attila Hildmann, der Rapper Xavier Naidoo und der rechtsextreme Journalist Jürgen Elsässer sind sich einig: Corona gibt es nicht. Das Virus ist ein Vorwand, um die Bevölkerung zu kontrollieren. Das Coronavirus wurde in einem Labor künstlich hergestellt und wird über das 5G-Netz verbreitet, um möglichst viel Schaden anzurichten. Zudem ist es die Absicht der verantwortlichen Politiker, dass alle Bürgerinnen und Bürger sich gegen das Virus impfen lassen müssen. Corona ist nicht gefährlich. Wirklich gefährlich ist das Tragen von Masken, Kinder würden davon sterben.
Die Theorie verbreitete sich rasend schnell über die sozialen Medien weiter. Eine Mischung aus Rechtsextremen, Corona-Skeptikern, Esoterikern, Mobilfunk-Gegnern und anderweitig Verunsicherten fand sich seit März 2020 regelmäßig zu Protesten und Demonstrationen gegen Corona-Maßnahmen zusammen, nicht nur in Deutschland, sondern auch in anderen europäischen Ländern. Bei einer der aufsehenerregendsten Proteste überwinden Ende August 2020 ca. 450 Anhänger die Absperrungen des Reichstagsgebäudes, schwenken dabei Reichsflaggen und besetzen die Treppe.

Aufgabe: Benennen Sie Ursachen und Gründe, wie es zu dieser Theorie kommen konnte und warum sie sich immer noch verbreitet.

M 2 Der Fall Lisa: Wie Fake News unsere „Filterblase“ beeinflussen

Film: Quarks: Der Fall Lisa. Wie Fake News unsere „Filterblase“ beeinflussen
(4.41 min; 14.03.2024)

1. Schauen Sie sich den Film an. Beurteilen Sie die folgenden Aussagen als wahr oder falsch. Stellen Sie Falschmeldungen richtig.
   a) In verschiedenen Städten demonstrieren Russlanddeutsche Anfang 2016 gegen Gewalt durch Migranten. Der Grund hierfür ist, dass ein Mädchen aus Berlin-Marzahn von drei südländischen Männern vergewaltigt worden ist.

   b) Nach fünf Tagen greifen rechte Gruppen das Thema auf und organisieren Demonstrationen. Ein russischer Sender interviewt eine angebliche Tante von Lisa, die behauptet, die Polizei decke die Täter. Ein Mitschnitt des Videos wird in kürzester Zeit 1,6 Millionen mal im Internet aufgerufen.

   c) Die Berliner Polizei stellt in einem Internet-Post klar, dass es sich laut Ermittlungen des LKAs weder um eine Entführung noch um eine Vergewaltigung handele. Die Polizeimeldung wurde bis zum Erscheinen des Filmes 1,8 Millionen mal geteilt. Der russische Außenminister Lawrow mischt sich ein und wirft der deutschen Regierung vor, dass sie die Ermittlungen behindern würde, um von Protesten gegen die Flüchtlingspolitik abzulenken.

   d) Fake News verbreiten sich laut Studien sechsmal schneller als richtige Nachrichten. Politische Fake News werden gar siebzigmal häufiger geteilt als wahre Nachrichten.

2. Erklären Sie, wie es dazu kommt, dass sich Fake News schneller verbreiten als richtige Nachrichten.

M 3 Aktuelle Verschwörungstheorien (Lösungshinweise) Seite 1

	Das Protokoll der Weisen von Zion	Chemtrails	Bill Gates und Corona	QAnon
Inhalt	Ein Geheimtreffen jüdischer Anführer plant die Weltherrschaft durch den gewaltsamen Umsturz der Regierungen und die Übernahme der Presse. Die erste russischsprachige Version erscheint 1903. 1923 erscheint bereits die 8. deutsche Auflage.	Kondensstreifen entstehen durch Chemikalien, die über unseren Köpfen versprüht werden, um das Wetter und die Gedanken der Menschen zu manipulieren bzw. die Menschheit zu dezimieren. Durch Geoengineering soll der Treibhauseffekt abgeschwächt werden. Dahinter steckt eine geheime Elite. Die Theorie besteht seit 1990.	Der Multimilliardär Bill Gates hat die WHO (World Health Organisation) und das RKI (Robert Koch Institut) – Behörden und Organisationen, deren Aufgabe die Erkennung, Verhütung und Bekämpfung von Krankheiten ist – gekauft, um seine Interessen durchzusetzen. Er möchte alle Menschen zur Überwachung chippen. Bei den Impfkampagnen, die von der Bill Gates-Stiftung unterstützt werden, wurden heimlich Mittel eingefügt, um Frauen unfruchtbar zu machen.	Globale agierende pädophile Netzwerke besonders einflussreicher und prominenter Persönlichkeiten werden durch die Politik gedeckt („dem tiefen Staat"). In Wirklichkeit halten diese satanistischen Eliten Kinder gefangen, um aus deren Blut Adrenochrom zu gewinnen, welches sie als Verjüngungsmittel und Droge verwenden. Die QAnon-Bewegung hat dieses Netzwerk enttarnt, Donald Trump ist ihr Auserwählter, ihr Verbündeter im Kampf gegen die Eliten. Feinde der Bewegung sind alle die, die nicht von Trump überzeugt sind. In Deutschland fordern Vertreter*innen der Bewegung den Bundestag zu stürzen, andere, rufen offen zur Gewalt gegenüber Nichtüberzeugten auf. Kritisch Nachfragende sollen vor ein Tribunal gestellt und aufgehängt werden.
Sprache	Die Schriften arbeiten mit vielen Klischees, d.h. unbedachten Denkmustern. Juden sind gegenüber Christen feindlich dargestellt, Juden haben durch Brunnenvergiftungen die Pest ausgelöst, um Nichtjuden dazu zu bewegen, die jüdische Herrschaft zu akzeptieren. Juden verleihen Geld zu Wucherzinsen … → Propaganda: Verdrehte, verkürzte und völlig falsche Informationen werden verbreitet, mit dem Ziel die öffentliche Meinung zu beeinflussen.	Die Verschwörungstheorie arbeitet mit der Interpretation von vermeintlichen „Beweisfotos".	Dinge, die nicht miteinander zu tun haben, werden miteinander in Verbindung gebracht.	Die meisten Äußerungen sind kryptisch/geheimnisvoll und vage. ➢ QAnon würde sich durch konkrete Angaben in Gefahr bringen ➢ Abkürzungen, militärische Ausdrucksweise, umständliche/ unsinnige Schlagwörter
Verfasser und Vertreter	Wer die Schrift verfasst hat, ist bis heute nicht geklärt. Die NSDAP nutzt die Schriften für Propaganda und Hetzkampagnen gegen politische Gegner. Auch unter Antisemiten in Frankreich und USA (z.B. Autobauer Henry Ford) wird die Schrift weit verbreitet. Die zionistischen Protokolle sind heute vor allem in islamischen Medien allgegenwärtig.	unbekannt	unbekannt	2017 gibt sich auf dem Imageboard 4chan.org ein unbekannter Nutzer als hochrangiger Informant aus dem engsten Kreis um Donald Trump aus. Dieser nennt sich Q. Wer hinter dem Pseudonym „Q" steht, ist bis heute nicht bekannt. Vertreter in Deutschland: Xavier Naidoo (Rapper) , Oliver Janich (YouTuber, Autor in einem rechtsextremen Magazin)

M 3 Aktuelle Verschwörungstheorien (Lösungshinweise) Seite 2

	Das Protokoll der Weisen von Zion	Chemtrails	Bill Gates und Corona	QAnon
Gegen-argumente	Der „wahre Kern“: Auf dem Weltkongress forderten jüdische Zionisten keine Weltherrschaft, sondern einen jüdischen Nationalstaat. Dieser erlangt 1948 seine Unabhängigkeit. Nichtjuden war es lange Zeit verboten durch Kredite Geld zu verdienen, das Verleihen von Geld galt als unrein. Durch den Zunftzwang im Mittelalter, der ihnen das Handwerk verbot, waren vor allem die Juden und Jüdinnen in Europa meist als Geldverleiher tätig. Später stellen sie eine große Konkurrenz für die nichtjüdischen Geldverleiher*innen dar.	Was auf Bildern als Chemtrails gedeutet wird, sind Kondensstreifen, die entstehen, wenn in einer Höhe zwischen 8000 und 12000 Metern heiße, wasserdampfhaltige Abgase aus den Flugzeugtriebwerken auf kalte Luft trifft. Die Luftverwirbelung am Ende der Tragflächen ist ein physikalisches Phänomen. Formen der Wettermanipulation gibt es schon seit 1950: Aber selbst die Annahme, ob man kurzfristig und punktuell das Wetter beeinflussen kann, ist unter Experten umstritten. Global und für längere Zeit geht dies sicher nicht. Dazu ist das Wetter viel zu komplex und zufällig. Dass Kondensstreifen unterschiedlich zu sehen sind, hat etwas mit den meteorologischen Verhältnissen in den Luftmassen zu tun (z.B. deren Feuchtigkeit), durch die das Flugzeug fliegt.	Es stimmt, dass ein Forschungsprojekt des RKI durch die Bill-und-Melinda-Gates-Stiftung gefördert wurde. Der Großteil des Projekts wurde aber durch den Bundeshaushalt gesichert. (250000 zu 108 Mio Euro) Bill Gates finanziert ca. 10% der WHO, z.B. Impfprojekte in Entwicklungsländern. Die Stiftung hat ein digitales Tattoo entwickelt. Es enthält die Informationen: Wann wurde jemand geimpft? Wogegen? Mit welcher Dosis? Die Daten sind mit dem Handy auslesbar, erfordern aber einen Abstand von 30 cm. Gedacht vor allem für Entwicklungsländer, wo viele Menschen keine Dokumente wie einen Impfausweis haben. Eine Überwachung ist damit nicht möglich. Dies wurde verknüpft mit einer Idee von Bill Gates, wie das öffentliche Leben nach Corona mit Hilfe eines digitalen Zertifikats wieder möglich werden soll, welches sagt, ob jemand Antikörper gegen Corona hat oder kurz vorher negativ getestet wurde. Dieses Zertifikat soll auf einer Open Source-Plattform abgespeichert werden. Jeder und jede entscheidet selbst, wer dieses Zertifikat in welcher Form erhalten soll.	Adrenochrom ist ein Oxidationsprodukt von Adrenalin. Es kann synthetisch hergestellt und einfach im Internet bestellt werden. Kinderblut ist hierfür nicht notwendig. Die angebliche berauschende Wirkung von Adrenochrom ist wissenschaftlich unbewiesen. Es ist eine Idee aus einer Romanverfilmung.

Weiterführend:

- Protokolle der Weisen von Zion (www.wikipedia.org, 14.03.2024)
- Kondensstreifen oder Chemtrails – werden wir manipuliert? (www.quarks.de, 14.03.2024)
- Verschwörungstheorien (www.gloria.tv, 14.03.2024)
- Verschwörungsideologien (www.planet-wissen.de, 14.03.2024)
- QAnon (www.zeit.de, 14.03.2024)

M 4 Die Eigenart von Verschwörungstheorien

Die Grundaussagen einer jeden Verschwörungstheorie lauten kurzgefasst:

1. Die Wirklichkeit ist anders, als sie erscheint. Misstraue der offiziellen Darstellung.
2. Es gibt eine kleine, aber einflussreiche Gruppe, die im Hintergrund die Fäden zieht, selbst aber unerkannt bleiben möchte.
3. Sie manipulieren bewusst die öffentliche Meinung, um ihre wahren Ziele zu verschleiern. [...]

Die Frage nach den Verschwörern und ihrem Wesen bleibt demgegenüber eher im Hintergrund. Sie ist auch das schwächere Glied in der Argumentationslogik, denn man müsste ja erklären können, wie eine solch kleine Gruppe zu solcher Macht gelangen konnte. Weil das nicht leicht ist, wird dieser Teil der Theorie oft weit weniger detailliert ausgefaltet und mehr in Andeutungen belassen, welche die Fantasie weiter ausschmücken darf. Stattdessen wird die Hauptenergie auf angebliche oder tatsächliche Widersprüchlichkeiten in der „offiziellen" Wahrheit gelenkt. [...]. Es genügt in den meisten Fällen, den Zweifel an der etablierten Darstellung zu säen. [...]

Verschwörungstheorien sind nicht einfach irrational. [...] Die Grundvoraussetzung, von der sie argumentativ ausgehen, besagt, dass die Wirklichkeit immer logisch ist und in strenger Determination abläuft. Alles, was geschieht, hat seinen Sinn und seinen Verursacher. Den gilt es zu erkennen. Dann erschließt sich auch die Logik hinter dem scheinbar Unlogischen. Es gibt also die Erwartung einer absolut lückenlosen logischen Geschlossenheit hinter allem Geschehen als Normalzustand. Zufall und Paradox werden aus der Weltgeschichte ebenso wie aus dem eigenen Leben per Definition ausgeschlossen. Wo sie dennoch auftreten, gilt dies als Beweis dafür, dass Verschwörer am Werk sind – denn diese machen auch Fehler. [...]

Der große Erklärungswert von Verschwörungstheorien besteht auch darin, dass sie die Welt sortieren und vereinfachen. Es gibt letztlich nur noch drei Bevölkerungsgruppen:

1. **Die Verschwörer:** Das ist die kleine Gruppe geheimer Drahtzieher hinter allem Weltgeschehen. Deren Benennung richtet sich nach dem jeweils vertretenen Feindbild (Juden, Freimaurer, Pharmakonzerne, Regierung, Finanzkapital, Illuminaten u.ä.). [...] Die Verschwörer sind getrieben von der Gier nach Macht. Andere Motive gibt es nicht oder sind bestenfalls vorgeschoben.
2. **Die Unwissenden:** Das ist die große Masse des Volkes. Sie werden von den Verschwörern dumm gehalten, beherrscht und manipuliert – und zwar so geschickt, dass sie es nicht bemerken und sich einbilden, sie hätten Freiheit und Demokratie. Stattdessen kontrollieren die Verschwörer letztlich alles, mindestens aber die öffentliche Meinungsäußerung.
3. **Die Wissenden:** Das ist die kleine Gruppe derjenigen, welche die Verschwörung erkannt und durchschaut haben. Sie bilden die Elite, zu der natürlich zuerst der Verschwörungstheoretiker selbst gehört sowie – sofern er welche hat – seine engsten Freunde. Weil sie für die Verschwörer gefährlich sind, werden sie hart verfolgt, und es wird versucht, sie mit Repressionsmaßnahmen mürbe zu klopfen. Das erklärt alle Konflikte mit Polizei und Justiz, welche diese aufrechten Kämpfer für die Wahrheit zu erdulden haben. [...]

Wesentliches Merkmal von Verschwörungstheorien ist ihr selbstimmunisierender Charakter. Es ist strukturell unmöglich, sie zu widerlegen. Die letzte große Verschwörung wird letztlich nie aufgedeckt, denn die Verschwörer haben ja alles im Griff. Wer die Verschwörung hinterfragt oder bestreitet, ist im besten Fall ein dummer Unwissender (Kategorie 2), der es nicht begriffen hat und die große Täuschung nicht durchschaut. Oder aber er ist selbst einer der Verschwörer, die natürlich ihre besten Leute losschicken, um denjenigen, die etwas zu ahnen beginnen, die Sache schleunigst wieder auszureden. [...]

Verschwörungstheorien sind attraktiv, weil sie das Unverstehbare erklärbar machen. Menschen haben immer ein Problem mit dem zufälligen Schicksal, zumindest wenn es negativ daherkommt oder das Glück nur den Nachbarn trifft. [...] Verschwörungstheorien erklären die Welt, indem sie den Zufall eliminieren und die elementare Daseinsfrage „Warum geht es den Bösen so gut und mir so schlecht?" eindeutig beantworten: weil die geheimen Drahtzieher daran ein Interesse haben. [...] An die Stelle eines undurchschaubaren Geflechtes komplexer Beziehungen tritt ein einfaches Schema: Dahinter stecken die Verschwörer, welche alles manipulieren. [...]

Sündenbock

Verschwörungstheorien sind gefährlich, weil ihre verzerrte Beschreibung der Wirklichkeit Opfer fordert. Die vermeintlichen Verschwörer werden im Blick des Verschwörungstheoretikers in solcher Weise zum Feindbild stilisiert und mit dem wesenhaft Bösen identifiziert, dass sie ihre Menschlichkeit verlieren. Die Entlastungsfunktion, welche die Verschwörungstheorien durchaus aufweisen, geht letztlich zulasten anderer. Die Theorie konstruiert einen Sündenbock für das persönliche Unglück. Alles Missgeschick und eigenes Scheitern wird auf die angeblichen Verschwörer projiziert, die dafür die Verantwortung tragen sollen. Während Paranoiker nur sich selbst aus der Gesellschaft ausgrenzen, sind Verschwörungstheoretiker gefährlich, denn sie können eine Pogromstimmung erzeugen, die für andere lebensgefährlich werden kann. Das galt für die Juden im Dritten Reich (und früher), für die angeblichen Hexen im Europa der frühen Neuzeit und heute noch in Afrika und andere mehr. [...] Verschwörungsdenken hat einen Hang zum Totalitarismus: Es erzeugt das Bewusstsein einer Bedrohung, die nur durch einschneidende Maßnahmen abgewehrt werden kann. Zur These gehört, dass wenige Böse die Geschichte in entscheidender Weise beeinflussen können. Daher müssen diesen zwangsläufig übermenschliche, quasi dämonische Kräfte zugeschrieben werden.

Aufgabe:

Entwerfen Sie eine digitale Präsentation zum Thema „Verschwörungstheorien und ihre Gefahren“ für einen Vortrag in einer 8. Klasse.

M 5 Die Schöpfungsgeschichte – eine Verschwörungstheorie?

Zeichnung: © Klaus Stuttmann

Aufgaben:

1. Beschreiben Sie, was auf der Karikatur zu erkennen ist. Welche Symbole werden verwendet? Was fällt besonders auf?
2. Erläutern Sie, welches Thema hier dargestellt wird. Auf was möchte der Karikaturist hinweisen?
3. Bewerten Sie die Absicht des Karikaturisten. Welche Fragen bleiben Ihnen?

M 6 Impulse zum Theologisieren

M 6a Was ist eine Lüge?

Fake News sind falsche Informationen im Gewand echter Nachrichten. Sind sie deshalb schon Lügen? Die Antwort auf diese Frage verlangt die Klärung, was eigentlich eine Lüge ist.

1 Definition Lüge
Lügen werden von einem Sender absichtlich mit dem Schein der Wahrheit formuliert, um andere in die Irre zu führen, sie zu benachteiligen und dadurch für sich selbst Vorteile zu erlangen. Diese Vorteile können in Machtgewinn, Ansehen, Einfluss oder finanziellen Gewinnen bestehen – aber auch in dem Verbergen von eigenen Fehlern sowie dem Vermeiden von Nachteilen. Zu den Lügen können auch Halbwahrheiten gezählt werden, bei denen nur die eine Seite einer Sache benannt, die andere aber bewusst verschwiegen wird.

2 Verbreitung von Lügen
Lügen gibt es zu allen Zeiten und überall. Auch in der Politik. Als der amerikanische Präsident 2003 wegen der Produktion von Massenvernichtungswaffen und eines Angriffs auf die USA den Krieg gegen Iran befahl, waren die Gründe frei erfunden. Dies war auch so als Deutschland 1939 Polen angriff. Auch im Alltag wird gelogen. Manche unterscheiden zwischen Scherzlügen, Höflichkeitslügen, Schadenslügen und Notlügen. Letztere dienen dazu, sich selbst oder andere zu schützen.

3 Wie Kant die Lüge beurteilt
Immanuel Kant hielt jede Lüge für prinzipiell falsch. Das gilt in seinen Augen auch gegenüber einem Verbrecher, der einen Menschen bei dessen Freund in böser Absicht sucht. Der hat diesem Unterschlupf gewährt und wird von dem Verbrecher gefragt, ob er diesen Menschen versteckt hat. Nach Ansicht Kants muss man in diesem Fall die Wahrheit sagen.
Besteht man auf einem Recht zu lügen, so führt das unter den Menschen letztlich zu einem Misstrauen, das das notwendige Vertrauen in die gemeinsamen Beziehungen zerstört. Man weiß ja dann nie so recht, ob man einem anderen trauen kann. Auf dieses Vertrauen ist ein soziales Miteinander aber angewiesen.

4 Bonhoeffer widerspricht Kant
Dietrich Bonhoeffer hat Kant widersprochen und dazu eine Geschichte erzählt. Ein Kind wird in der Klasse von seinem Lehrer vor allen gefragt, ob es wahr sei, dass sein Vater öfter betrunken nach Hause komme. Obwohl es stimmt, verneint das das Kind. Bonhoeffer schreibt dazu: Das kann man zwar eine Lüge nennen, aber es ist nicht verwerflich. Verwerflich ist hingegen das Verhalten des Lehrers, das ein Kind drängt, eine Schwäche seines Vaters vor anderen preiszugeben. Bonhoeffer kommt zu dem Schluss, dass Lüge in der absichtlichen Zerstörung einer Wirklichkeit besteht, wie Gott sie will. Lügen sind ein Anschlag auf die Mitmenschlichkeit.

5 Lügen in der Bibel
Lügen gibt es auch in der Bibel:

- Die Schlange im Paradies lügt, doch sie packt das in eine trickhafte Frage: „Sollte Gott wirklich gesagt haben, ihr sollt nicht essen von allen Bäumen im Garten? (1. Mose 3,1). Die Lüge soll das Vertrauen von Adam und Eva in Gott erschüttern.
- Kain (1. Mose 4) lügt, wenn er sagt, er wisse nicht, wo sein Bruder ist. Die Lüge soll Schuld verdecken.
- Die ägyptischen Hebammen lügen den Pharao an, weil sie die hebräischen Söhne nicht bei der Geburt töten wollen, wie man ihnen befohlen hat (2. Mose 1,8–20). Sie haben Zivilcourage und handeln aus Menschenliebe.
- Petrus beteuert dreimal im Hofe des Hohenpriesters, dass er Jesus nicht kennt (Mt 26,72). Petrus lügt aus Angst um sein Leben.

Auffallend ist an den biblischen Lügengeschichten: Lügen gehören für den biblischen Erzähler zur Realität menschlicher Existenz. Wenn Lügen Schwachen zum Recht verhelfen – vor allem wenn sie Falschaussagen vor Gericht ausgesetzt sind – werden sie akzeptiert. Wenn sie ein soziales Miteinander gefährden, werden sie abgelehnt.
Für die Bibel insgesamt gilt jedoch das 8. Gebot: „Du sollst kein falsches Zeugnis reden wider deinen Nächsten". Es gilt so zu kommunizieren, dass Menschen miteinander in Frieden, Gerechtigkeit, frei von Angst und in dem Gefühl, als Person respektiert zu werden, leben können.

M 6b Warum lügen Menschen?

Wenn jemand öffentlich sagt, eine Politikerin „sei ignorant und arrogant", Gründe anführt und das mit seinem Namen unterschreibt, dann ist das eine Meinung und fällt unter die Meinungsfreiheit. Wenn aber jemand einen Tweet fälscht, diesen unter dem Namen einer solchen Politikerin absetzt und damit den Eindruck erweckt, die Person vertrete diese Meinung, dann gehört das zu den Fake News. Das ist absichtsvoll gemacht, untergräbt den guten Ruf dieser Person und will Unsicherheit und Unruhe erzeugen – und erfüllt im übrigen den Tatbestand der Verleumdung, üblen Nachrede, Ehrverletzung nach § 186/187 StGB. Die Frage ist: Warum machen das Menschen? Oder allgemeiner gefragt: Warum lügen Menschen und schädigen damit andere?

1 Wer Wert auf Respekt legt, darf nicht lügen

Grundsätzlich gilt, dass man anderer Meinung sein und eine andere Position vertreten kann. Dazu gehört aber dann, dass

- man seine Auffassung argumentativ vertritt und bereit ist, sie überprüfen zu lassen.
- man die Argumente anderer anhört und bereit ist, über seine eigenen Interessen und Ziele Auskunft zu geben.
- man Menschen, die eine andere Meinung vertreten, respektiert und so behandelt wie man selbst behandelt werden möchte.
- einem an einem friedlichen gemeinsamen Leben gelegen ist.

Dazu passt aber nicht, dass man anderen Menschen bewusst Aussagen und Handlungen zuschreibt, die sie nicht getätigt haben. Dazu passt auch nicht, dass man absichtlich Meldungen in die Welt setzt, die andere Menschen schädigen.

2 Wie Menschen wirklich sind

Menschen sind nicht einfach gut, wie man jeden Tag sehen kann. Menschen verleumden, betrügen, stehlen, bereichern sich auf Kosten anderer, sind gewalttätig, mobben – und verbreiten Lügen. Wahrscheinlich ist kein Mensch davon ganz frei. Man kann auch berechnend sein, wenn man an einer Charity-Veranstaltung teilnimmt und spendet. Um all das zu erklären, hat sich schon vor 1500 Jahren die Lehre von den sieben Hauptsünden herausgebildet. Es handelt sich um Charaktereigenschaften, die sich bei vielen, wahrscheinlich sogar bei allen Menschen zeigen. Das sind Hochmut, Habgier, Wollust, Zorn, Maßlosigkeit, Neid und Feigheit. Jede dieser Eigenschaften beeinträchtigt auf die eine oder andere Weise gemeinsames Leben. Hinter dem Lügen könnte Feigheit, Habgier, Zorn, aber auch Hochmut stecken – wenn man z.B. glaubt, alles so drehen zu dürfen, wie es zu dem eigenen Weltbild und den eigenen Interessen passt.

3 Wie der christliche Glaube den Menschen sieht

Anerkennung ist ein menschliches Grundbedürfnis, jeder Mensch benötigt sie wie die Luft zum Atmen. Die Einsicht „Ich bin gut, so wie ich bin" ist eine wichtige Voraussetzung für die Entwicklung und das Bestehen des Selbstwertgefühls. Um anerkannt zu werden, bedarf es eines wohlwollenden Gegenübers: Familie, Freund*innen, Partner*in, Lehrer*innen, Vorgesetzte ... Aus lauter Angst, Anerkennung zu verlieren, überhöhen Menschen ihre Bedeutung. Sie versuchen, für sich das Optimum herauszuholen, wenn es sein muss auch auf Kosten anderer. Andere machen sich ständig klein und reden sich ein, nicht gut genug zu sein. Menschen lügen aus Angst, Anerkennung zu verlieren.

Der christliche Glaube sagt, dass darin ein großer Denkfehler liegt: Der Mensch muss sich um seine Anerkennung keine Sorgen machen. Menschen sind bei Gott ohne Wenn und Aber als Person anerkannt! Gott ist „ein Backofen voller Liebe" (Martin Luther). Gott gibt seine Anerkennung vollkommen gratis als Geschenk, weil ihm jeder Mensch wichtig ist. Dieses Geschenk der anerkennenden Liebe („Ich möchte, dass es dir gut geht") lässt Menschen aufrecht und fröhlich durch das Leben gehen. Der Einzelne darf wissen: Gott steht zu mir, selbst dann, wenn ich Mist gebaut habe und andere mich missachten. Ich kann und darf mich dann in die wohlwollenden und bergenden Arme Gottes flüchten. Das erzählt das Gleichnis vom verlorenen Sohn (Lk 15,11–32) – und das wollen Christ*innen anderen immer wieder zu spüren geben.

4 Was man gegen Lügner tun kann

In den Augen des christlichen Glaubens ist der Lügner ein Mensch, der nicht glauben kann, dass Gott ihn mag. So wie er ist. Mit seinen Macken und Kanten, mit seinen Stärken und seinen Schwächen, mit seinen Bedürfnissen und Ängsten. Menschen ändern sich, wenn sie geachtet werden – und dann auch sagen können, was sie innerlich umtreibt. Sie können dann auch zugeben, gelogen zu haben.

M 6c Was ist von dieser Welt zu halten?

Verschwörungserzählungen gehen davon aus, dass in der Welt finstere Mächte herrschen, die den geheimen, böswilligen Plan verfolgen, die Menschen zu beherrschen, um sich selbst dabei zu bereichern. Diese Mächte haben letztlich die vollständige Kontrolle über das Weltgeschehen. Alles geht auf ihren Plan und ihre Handlungen zurück. Diese Mächte sind konkrete Personen, aber auch Gruppierungen, die nur vage umrissen werden. Die meisten Menschen blicken nicht durch, doch es gibt die kleine Schar, die diese Pläne durchschauen und sich gegen sie wehren.

1 Die Bedeutung von Lebensgefühlen

Menschliches Erleben, Urteilen und Handeln wurzelt in grundlegenden Lebensgefühlen. Menschen, die von Verschwörungen erzählen, tragen tief in sich drin das Gefühl einer großen Bedrohung. Menschen, die an den Gott der Bibel glauben, leben in einem Gefühl des Vertrauens. Für sie verdankt sich ihr Leben und die Welt dem guten Willen Gottes und seinem fortwährenden Handeln. Auch wenn es in der Welt immer wieder zu Katastrophen, zu Elend, Leid und Tod kommt, gilt das große Versprechen Gottes: „Solange die Erde besteht, soll nicht aufhören Saat und Ernte, Frost und Hitze, Sommer und Winter, Nacht und Tag" (1. Mose 8,22). Und es gilt das große Versprechen Jesu: „Siehe, ich bin bei euch alle Tage bis an der Welt Ende" (Mt 28,20).

2 Was in der Angst helfen kann

Menschen haben Anlass und Grund, vertrauensvoll auch durch finstere Täler zu gehen: „Und ob ich schon wanderte im finsteren Tal, fürchte ich kein Unglück, denn du bist bei mir, dein Stecken und Stab trösten mich." (Psalm 23,4). Es gibt genügend Erfahrungen, die ohnmächtig machen und Angst auslösen. Doch sie haben nicht die Macht, die Welt zu zerstören und Gottes guten Willen mit dieser Welt auszuhebeln. Wohl ringt auch Gott mit diesen bedrohlichen Mächten, doch Christ*innen setzen darauf, dass Gott sie immer wieder besiegen kann (Hiob 38–41). Dieser Glaube ist immer wieder dem Zweifel ausgesetzt. Gebete wie Psalm 23 können dann eine Hilfe sein.

3 Gottes Wirken im Leben der Menschen

Die Bibel erzählt, dass Gott in dieser Welt und in dem eigenen Leben sehr unterschiedlich wirkt: Gott lenkt, begrenzt, leitet, kooperiert, lässt zu, schickt Engel, hört auf Gebete. Das kennen viele aus ihrem Leben.

- Menschen gehen ihren Weg und machen dabei auch schwerwiegende Fehler. Gott lässt auch einiges zu.
- Menschen geraten in Schwierigkeiten, doch es kommt nicht zum Schlimmsten. Gott setzt Schranken.
- Menschen erfahren in unübersichtlichen Zeiten freundliche Zuwendung, hilfreichen Rat und bekommen wichtige Fingerzeige. Gott leitet.
- Menschen bekommen auf ihrem Lebensweg zu ihrer eigenen Überraschung mehr Kraft und Mut als sie sonst haben, um mit Herausforderungen fertig zu werden. Gott wirkt mit. Gott tröstet und gibt Halt.
- Menschen erleben hilfreiche Begegnungen und überraschende Wendungen. Gott schickt Engel.
- Menschen beten und erleben, wie sich etwas ändert. Gott erhört.

Solche Erfahrungen gibt es im Leben der allermeisten Menschen. Doch man kann solche Erfahrungen nicht herbeiführen und nicht garantieren.

4 Wie der christliche Glaube das Leben sieht

Der christliche Glaube geht davon aus, dass das Leben vielfältig, offen, unübersichtlich, überraschend, spannungsreich und widersprüchlich ist. Es ist weder ganz zu durchschauen noch vollständig zu kontrollieren. Erfahrungen mit Gottes Wirken nähren das Vertrauen, dass Menschen in ihrem Leben und in dieser Welt nicht sich selbst überlassen sind. Der Gott, der es gut meint mit den Menschen und mit der Welt, geht mit. Er gibt den Menschen auch Verstand, Mut und Fähigkeiten, ihr Leben selbst zu gestalten und eigene Entscheidungen zu treffen. Gott sagt zu Mose: „Ich bin der, der ich bei euch sein werde" (2. Mose 3,14).

5 Der christliche Glaube und Verschwörungstheorien

Verschwörungstheoretiker operieren mit einer ganz anderen Wirklichkeitsauffassung. Für sie verdient das Leben und die Weltgeschichte einerseits großes Misstrauen und ist andererseits vollständig kontrollierbar und beherrschbar. Beide Annahmen kann der christliche Glaube nicht teilen.

M 6d Was ist Wahrheit?

*Fake News geben sich alle Mühe als wahr zu erscheinen. Sie berufen sich auf Zeugen, Beteiligte, wissenschaftliche Studien und auf zwingende Schlussfolgerungen. Verschwörungstheoretiker*innen sind ihrerseits absolut davon überzeugt, dass ihre Sicht der Welt und des Lebens wahr ist. Auch sie berufen sich auf Fakten, auf Experten, auf logische Schlussfolgerungen. Jedes Mal geht es um die Frage nach Wahrheit. Aber was ist Wahrheit und woran zeigt sich diese?*

1 Es gibt verschiedene Arten von Wahrheit
In der Philosophie unterscheidet man verschiedene Wahrheitstheorien. Sie geben an, worin sich die Wahrheit zeigt. Man kann fünf verschiedene Theorien unterscheiden. Alle diese Theorien halten Wichtiges fest, aber keine kann für sich allein Wahrheit garantieren. Deshalb ist es gut, sie alle fünf zu kennen.

2 Wahrheit als Übereinstimmung mit den Fakten
Die meisten Menschen vertreten die **Korrespondenztheorie der Wahrheit**. Der Kernsatz lautet: Die Aussage stimmt mit der objektiven Realität überein. Zu den Fake News gehört zum Beispiel die Aussage, dass die 13-jährige Lisa in Berlin von drei Männern vergewaltigt wurde. Die Berliner Polizei habe nichts dagegen unternommen. Viele haben das geglaubt und sind auf die Straße gegangen. Auch hier gilt wie für jede Aussage, die objektive Wahrheit beansprucht: Wie kann man die Übereinstimmung der Aussage mit der Realität überprüfen, und zwar so, dass man 100 % sicher sein kann?

3 Wahrheit als Widerspruchsfreiheit
Die **Kohärenztheorie der Wahrheit** besagt, dass Aussagen dann wahr sind, wenn sie nicht im Widerspruch zu übergeordneten und allgemeinen Aussagen stehen und deshalb auch widerspruchsfrei sind. Dazu ein Beispiel: Eine Verschwörungstheorie lautet, dass die Amerikaner 1969 gar nicht auf dem Mond waren und die ganze Landung in einem Filmstudio simuliert hätten. Ein Argument, das dabei immer wieder vorgetragen wird, lautet: Wenn es die Mondlandung wirklich gegeben hätte, müssten alle Astronauten anschließend radioaktiv verstrahlt gewesen sein. Dieser Einwand gründet auf der Annahme, dass auf dem Mond stark radioaktive Strahlen wirken. Allerdings bestehen die radioaktiven Stoffe auf dem Mond überwiegend aus Alpha- und Betastrahlung, die durch gewöhnliche Schuhsohlen oder dicke Kleidung vollständig abgeschirmt werden können. Aufgrund der allgemeinen und deshalb übergeordneten Aussage kann dieses Argument nicht zutreffen. Es steht dazu im Widerspruch. Die Verschwörungstheorie ist nicht widerspruchsfrei. Aber gibt es nicht auch Theorien, die in sich widersprüchlich sind und trotzdem stimmen?

4 Wahrheit als Übereinstimmung
Die **Konsenstheorie der Wahrheit** bezeichnet jene Aussagen als wahr, worüber in einem unabhängigen und unvoreingenommenen Diskussions- und Prüfprozess aller Argumente durch sachkundige, gleichberechtigte und gutwillige Experten Übereinkunft erzielt wurde. Allerdings muss man zugeben, selbst bei solchen Prüfprozessen kann es vorkommen, dass es einen Konsens über etwas gibt, das falsch ist.

5 Wahrheit zeigt sich am Ergebnis
Die **pragmatische Wahrheitstheorie** geht davon aus, dass sich Wahrheit daran zeigt, dass das, was sie aussagt, eintritt und erfolgreich ist. Das zeigt sich z.B. in der medizinischen Therapie: „Mit diesem Mittel verschwinden Ihre Schmerzen." Das Eintreten oder Nichteintreten dieses Falles entscheidet über die Wahrheit der Aussage. Impfgegner*innen sagen zum Beispiel, dass die Wirksamkeit von Impfungen noch niemals belegt worden sei. Dagegen kann man allerdings anführen, dass nach Einführung der Polio Schluckimpfung in den sechziger Jahren des 20. Jh. die Zahl der jährlichen Kinderlähmungen von 4700 im Jahr 1961 bis zum Jahr 1990 auf 0 zurückgegangen ist. Die Aussage der Impfgegner ist also nicht wahr. Aber die Gegner werden anführen, es haben noch andere Faktoren mitgewirkt.

6 Wahrheit als Vertrauenswürdigkeit
Die **Beziehungstheorie der Wahrheit** geht davon aus, dass Wahrheit auch mit Beziehungen und deshalb mit persönlichen Erfahrungen und damit auch Gefühlen zu tun hat. Wahr ist deshalb das, was vertrauenswürdig

ist und was zu einem wahren Leben beiträgt. Das ist die Wahrheit, von der Jesus spricht, wenn er von sich selbst im Johannesevangelium sagt: „Ich bin der Weg, die Wahrheit und das Leben“ (Joh 14,6).

7 Fünf Prüfsteine für Wahrheit

Zusammengenommen können diese Wahrheitstheorien helfen, Wahrheitsansprüche von Fake News, aber auch Verschwörungstheorien, zu überprüfen.

Fünf Fragen sollte man immer stellen:

1. Stimmen die Fakten und lassen sie sich beweisen?
2. Zeigen sich Widersprüche?
3. Wie steht es mit der Zustimmung von unabhängigen Experten?
4. Wurden die Voraussagen schon einmal empirisch bestätigt?
5. Sind die Personen und ihre Aussagen vertrauenswürdig und tragen sie zu einem Leben in Würde, Gemeinschaft, Frieden und Gerechtigkeit bei? Machen sie Mut und Hoffnung?

M 6e Woran erkennt man eine wahre Aussage über die Zukunft?

*Vertreter*innen einer Verschwörungstheorie prophezeien eine katastrophale Zukunft, der man nur entgehen kann, wenn man ihre Sicht der Welt teilt und ihren Aufforderungen folgt. Da niemand so recht in die Zukunft schauen kann und künftige Ereignisse nie zu beweisen sind, stellt sich die Frage, wie man eine wahre von einer falschen Voraussage unterscheiden kann.*

1 Propheten und Zukunftsforscher
Menschen, die die Zukunft voraussagen sind entweder Zukunftsforscher oder Propheten. Propheten handeln in einem höheren Auftrag und geben aufgrund von Analysen und zwingenden Schlussfolgerungen eine Diagnose der Zeit und sagen dramatische Folgen voraus, die einzutreten drohen, wenn man nicht einen radikalen Kurswechsel vollzieht. Ihnen gegenüber stehen jedes Mal andere Propheten, die diesen Sichtweisen und ihren Folgerungen jeden Wahrheitsgehalt absprechen und stattdessen eine gute Zukunft voraussagen.
Eine Prophezeiung bezeichnet eine begründete Voraussage von Zukunft. Grundsätzlich kann man zwischen Unheils- und Heilspropheten unterscheiden. Solche Propheten gibt es nicht nur in der Bibel, sondern z.B. auch in der Corona- und Klimadebatte.

2 Prophezeiungen lassen sich nicht beweisen
Der Streit um wahre und falsche Prophetie erlebte auch der Prophet Jeremia nach der ersten Eroberung Jerusalems durch die Babylonier im Jahre 597 v. Chr. (Jer 28). Der Prophet Hananja prophezeite, dass der verschleppte König wieder zurückkehren wird und die geraubten Tempelgeräte wieder zurückgebracht werden. Alles wird wieder gut. Jeremia entgegnete: Möge es so sein. Doch er hielt daran fest, dass die Fremdherrschaft weiter bestehen wird. Es wird noch schlimmer. Nach seiner Sicht verbreitet Hananja Lügen. Doch Jeremia konnte seine Botschaft nicht beweisen. Er wusste schon aus der Tora, dass sich das erst erweisen muss (5. Mose 18,21.22). Deshalb sagte er: Ob Hananja wirklich von Gott gesandt ist, wird man daran erkennen, dass seine Worte in Erfüllung gehen.

3 Fingerzeige für einen wahren Propheten
Schaut man auf die in der Bibel vorkommenden Propheten, so kann man sagen: wahre Propheten ...
- reden im Namen Gottes, der auf Seiten der Kleinen und Schwachen steht, und setzen sich deshalb für Gerechtigkeit ein,
- haben einen Namen und sind klar erkennbare Personen,
- reden nicht den Regierenden nach dem Mund und orientieren sich auch nicht an Mehrheiten,
- sagen auch Unbequemes,
- sind bereit, persönliche Nachteile in Kauf zu nehmen,
- verdienen kein Geld mit den Prophezeiungen und haben auch keine persönlichen Interessen,
- sind persönlich glaubwürdig und stehen zu ihren Stärken und Schwächen,
- machen Prophezeiungen, die mit Fakten unterlegbar sind.

4 Die Zukunft entscheidet
Sicherlich sind das keine Kriterien, die eine absolute Sicherheit bringen. Doch sie helfen, Verschwörungstheorien, aber auch deren Bestreitung, auf ihre Glaubwürdigkeit zu testen. Letztlich entscheidet die Zukunft über Wahrheit und Lüge.

M 6f Was ist von der biblischen Schöpfungsgeschichte und der Auferstehung Jesu zu halten?

Wer bei anderen Verschwörungstheorien und Fake News erkennt und diese kritisiert, braucht sich nicht zu wundern, wenn man bei ihm selbst nach Fake News und Verschwörungstheorien sucht. Ist nicht die Botschaft von der Auferstehung Jesu eine „gefälschte Nachricht" und die Schöpfungsgeschichte eine Erzählung über eine geheimnisvolle Macht, die alles in den Händen hält und die Welt verborgen steuert? Auf solche Fragen muss man eingehen. Die Frage ist also: Was ist von der biblischen Schöpfungsgeschichte und den Berichten von der Auferstehung Jesu zu halten?

1 Die biblische Schöpfungsgeschichte

Wer die Geschichte von der Erschaffung der Welt in sieben Tagen mit verschiedenen Sprechern vorträgt, wird rasch merken, dass es sich um ein altes Loblied mit Versen und Refrain handelt, das immer wieder betont, dass die Welt im Grunde gut ist, das die Bestimmung der Menschen in der Welt heraushebt, den 7. Tag der Woche als Ruhetag ans Herz legt und alles was ist, auf Gottes Wunsch und Wille zurückführt. Die Welt und das Leben sind kein Zufall und kein Spielball streitbarer Mächte. Gott sagt Ja, zu dem wie es ist.
Beim zweiten Blick merkt man, dass die Welt als ein Haus mit verschiedenen Stockwerken beschrieben wird, in denen die vielfältigen Lebewesen ihren Platz haben. Es besteht in diesem Haus eine Ordnung, die Leben ermöglicht, aber auch Konflikte enthält.
Das alles dient dazu, dass Menschen Vertrauen in die Welt und das Leben gewinnen, dass sie miteinander ein verantwortliches und respektvolles Leben führen und den Rhythmus von Arbeit und Ruhe beachten. Es geht nicht um Verunsicherung.
Sehen kann man, dass dieses Lied gerade mal der Anfang einer längeren Geschichte ist. Diese enthält nicht nur die Geschichten vom Anfang, sondern auch die Erzählungen von Adam und Eva, Kain und Abel, Noah und seiner Familie und vom Turmbau zu Babel (1. Mose 1–11). Liest man die ganze Geschichte im Zusammenhang, dann entdeckt man in den alten Geschichten eine klare Botschaft: Eigentlich sollte die Welt gut sein. Tatsächlich ist sie aber von Neid, Gewalt und Katastrophen durchzogen. Doch Gott lässt nicht zu, dass die Welt untergeht. Das Zeichen dafür ist der Regenbogen. Da geht es nicht um Verschwörung.

2 Berichte von der Auferstehung Jesu

Das Neue Testament erzählt in mehreren Berichten von der Auferstehung Jesu. Feststellen kann man: Es gibt keinen Bericht, der die Auferstehung Jesu beschreibt. Erzählt wird vom leeren Grab, von der Botschaft der Engel und die Vermutungen, die im Umlauf waren. Haben die Jünger den Leichnam geklaut? (Mt 28,13) Was es jedoch gibt, sind Geschichten von Fans, die dem Auferstandenen begegnet sind. Schaut man auf die beiden Emmausjünger, dann kann man sich fragen, ob sie nicht recht durchgeblickt haben oder die beiden einem Wesen begegnet sind, das sich unserem Fassungsvermögen entzieht. Offenkundig hat diese Begegnung mit dem Auferstandenen aber aus den Jüngern neue Menschen gemacht: aus verzagt wird mutig, aus unsicher wird gewiss, aus Follower*innen werden Influencer*innen. Und sie fangen an zu glauben, dass Menschen nach dem Tod irgendwann neu geschaffen werden und ganz bei Gott sind. Das macht sie zuversichtlich. Der Tod ist nicht das Letzte.
Um es klar zu sagen: Christ*innen haben keine Beweise für die Auferstehung Jesu. Das behauptet auch niemand. Sie haben nur die Aussagen von Zeuginnen und Zeugen – und Berichte über die Art und Weise, wie sie danach gelebt haben. Christ*innen glauben, dass sie dann, wenn sie wie die beiden Emmausjünger miteinander Abendmahl feiern, spüren können, dass das mit der Auferstehung stimmt. Letztlich hängt alles an der persönlichen Erfahrung. Niemand wird getäuscht.

3 Anwendung der Wahrheitstheorien

Die biblische Schöpfungsgeschichte spricht persönliche Erfahrungen und Empfindungen an, aber auch die Aussagen von Menschen, die für einen wichtig sind (Wahrheitstheorie 5). Sie schließt aber empirisches Wissen ein (die Welt als ökologisches System, Wahrheitstheorie 2). Die Berichte von der Auferstehung Jesu überschreiten empirisches Wissen, könnten aber mit der Möglichkeit einer ganz anderen Wirklichkeit rechnen (Wahrheitstheorie 3). Ihre Wahrheit hängt an der Glaubwürdigkeit von anderen Menschen und an persönlichen Erfahrungen und Empfindungen (Wahrheitstheorie 5).

Das autonome Fahren

Das Phänomen

Der Begriff des autonomen Fahrens (engl. self driving car) meint ein selbstständiges Fahren eines Fahrzeuges. Es geht um ein hochautomatisiertes Roboterauto, das mit Radaren, Kameras, Laser, GPS-Empfängern und Radar sowie unzähligen Prozessoren ausgestattet ist. Leitbild ist ein Fahrzeug, das alle Fahrentscheidungen übernimmt und der Mensch nur noch Passagier ist. Voraussetzung dafür ist nicht nur eine genaue Gesichtserkennung, sondern eine Erkennung, die komplexe Verkehrssituationen auch in der Dunkelheit oder bei Nebel erfassen kann. Die selbstfahrenden Fahrzeuge sollen auf der Basis einer „car to x"-Kommunikation (c2x) mit anderen Fahrzeugen, Fußgänger*innen und Radfahrer*innen, Ampeln, Schildern, Gebäuden, der Straßenführung, den Fahrbahnmarkierungen und den Wetterdaten vernetzt werden. Technisch stellt sich die Frage, ob die Kommunikation in Zukunft mit Mobilfunk oder über WLAN erfolgen wird.

Beim autonomen Fahren werden **fünf Levels** unterschieden, wobei Stufe fünf die höchste ist:

Level 1: Das assistierte Fahren mit Abstandsregelautomaten, wodurch das Auto selbstständig beschleunigen oder bremsen kann.

Level 2: Das teilautomatisierte Fahren mit Fahrassistenzsystemen, z.B. für Gefahrenbremsung oder Einparken.

→ Level 1 und 2 sind heute serienreif und werden schon eingesetzt.

Level 3: Das bedienungsautomatisierte Fahren, bei dem man die Hände vom Lenkrad nehmen kann, aber als Fahrer*in stets gegenwärtig sein muss, die Kontrolle über das Fahrzeug zu übernehmen. Dazu bedarf es auch einer Innenraumkamera, die die Fahrer*in im Blick hat. Wichtige Voraussetzung für Level 3 ist ein Art Laser-Radar, das dreidimensionale Bilder erzeugt sowie eine KI, die komplexe und vor allem vielfältige Zusammenhänge einbeziehen kann.

→ Level 3-Fahrzeuge werden derzeit getestet und im Einsatz erprobt.

Level 4: Das hochautomatisierte Fahren, bei dem komplexe Situationen durch das Roboterauto selbstständig bewältigt werden können. Dazu braucht es deutlich mehr Sensoren und mindestens eine 4G-Datenverbindung.

→ Serienfahrzeuge gibt es dazu noch nicht, an ihnen wird jedoch experimentell gearbeitet. Sie sind derzeit extrem teuer. Ein Problem ist der Stromverbrauch, der in der weiteren Entwicklung deutlich verringert werden muss.

Level 5: Das vollautomatisierte Fahren, bei dem Fahrzeuge miteinander und mit der Umgebung in Echtzeit kommunizieren (c2x).

© Jossdim / www.istock.com

Es gibt keine Fahrer*in mehr (s.o. Bild). Die anfallenden Rechenoperationen werden als „gigantisch" bezeichnet.

→ Fraglich ist, ob die fünfte Stufe je erreicht werden kann. Grundsätzlich muss hier zwischen lernenden und selbstlernenden Systemen unterschieden werden. Während lernende Systeme in der Zeit der Entwicklung trainiert werden (z.B. für die Bewältigung von Gefahrensituationen), aktualisieren sich selbstlernende Systeme fortlaufend im Betrieb (z.B. bei der Anpassung an den persönlichen Fahrmodus).

Akteure

An der Entwicklung selbststeuernder Fahrzeuge arbeiten bekannte Firmen wie Waymo (von Google bzw. Alphabet), Bosch, Continental, Audi, BMW, Mercedes und andere Autohersteller. Sie investieren Milliarden und konkurrieren um künftige Marktanteile, denn der Druck der internationalen Konkurrenz ist groß. Erkennbar ist, dass sich hier sowohl Maschinenbau- als auch Internetfirmen engagieren und zum Teil zusammenarbeiten.

Die weitere Entwicklung

Angenommen wird, dass ab 2030 auf Autobahnen und in Städten allmählich automatisierte Fahrzeuge fahren. Erst ab 2040 erwartet man auf Landstraßen autonomes Fahren, das ohne Fahrer*innen auskommt. Mit einer stufenweisen Entwicklung ist zu rechnen.

Diese Entwicklung muss aber mit der Klima- und Energiewende verbunden werden. Daher geht es hier zugleich um funktionale Mobilitätskonzepte wie CarSharing, Onlinefahrzentralen oder Flugtaxis. Der Individualverkehr muss in absehbarer Zeit sicherlich reduziert werden.

Chancen und Risiken

Die **Vorteile** von selbstfahrenden Fahrzeugen werden in der Bequemlichkeit und der physischen und psychischen Entlastung, vor allem aber in der Sicherheit gesehen, denn 90 % der Verkehrsunfälle werden menschlichem Versagen zugeschrieben. Darüber hinaus können ältere oder beeinträchtigte Personen besser in den Verkehr eingebunden werden. Durch Stauvermeidung entstehen Zeitgewinne. Selbstfahrende Fahrzeuge sind offenbar emissionsärmer und befördern die Entwicklung neuer digitaler Mobilitätskonzepte (fahrerlose Taxis und Busse).

Die **Risiken** sind einmal in einem Mischverkehr zu sehen, in dem automatisierte und nicht-automatisierte Fahrzeuge aufeinandertreffen. Wenig diskutiert sind Angriffe auf vernetzte Verkehrssituationen. Risiken zeigen sich aber auch in rechtlichen Problemen, wenn ein digitales Programm eine Situation nicht richtig erfasst und es zu einem Unfall kommt. Wer trägt dann die Verantwortung? Hinzu kommen ethische Probleme. Wie soll sich ein autonomes Fahrzeug in Dilemmasituationen entscheiden? Hier geht es um den sogenannten „Todesalgorithmus“. Als Problem stellt sich auch die Frage, ob es ethisch vertretbar ist, alle Verkehrsteilnehmer*innen digital zu erfassen. Wer verfügt dann über die Daten? Ist das nicht eine totale Überwachung? Risiken sind auch in dem hohen Energiebedarf zu sehen, der mit automatisiertem und autonomem Fahren einhergeht. Schließlich stellt sich auch die Frage, ob durch die Einführung automatisierten Fahrens in Städten die Verkehrsströme voneinander getrennt werden müssen. Was bedeutet dies für das Leben in der Stadt?

Theologische Reflexion

Bei der Abwägung ethischer Probleme von der Programmierung eines selbststeuernden Fahrzeugs gilt es aus christlicher Perspektive einzubringen, dass jeder Mensch ein geliebtes Geschöpf und Ebenbild Gottes ist. Dies widerspricht einer Unterwerfung unter Nützlichkeitserwägungen. Da die technologische Entwicklung das gemeinsame Leben verändert, gilt es, darüber nachzudenken, was ein gutes Leben kennzeichnet. Leitende Wertvorstellungen wie Autonomie und Verantwortung, aber auch Sicherheit, verdienen aus christlicher Perspektive sorgfältige Klärung, wenn sie in selbststeuernden Fahrzeugen angewendet werden.

Bausteine für den Unterricht

Kompetenzziel: S*S können die Entwicklung selbststeuernder Fahrzeuge beschreiben, ethische Probleme erörtern sowie zu grundlegenden Fragen unter Einbezug christlicher Sichtweisen Stellung nehmen.
Zeitaufwand: 8–12 Stunden

Materialien und Arbeitsblätter:
M 1 Anforderungssituation: Programmierung für Dilemmasituationen
M 2 Studie des WBGU (Wissenschaftlicher Beirat der Bundesregierung Globale Umweltveränderungen)
M 3 Richard David Precht, Die Zukunft des Verkehrs
M 4 Einen Crash-Algorithmus für den Autopiloten programmieren
M 5 Julian Nida-Rümelin/Nathalie Weidenfeld, Autonomes Fahren
M 6 Richard David Precht, Ethische Fragen bei selbstfahrenden Autos
M 7 Impulse zum Theologisieren

Baustein 1: Anforderungssituation: Programmierung für Dilemmasituationen

Zeitaufwand: 1 Stunde

a) L stellt eine Situation (**M 1**) vor, die bei der Entwicklung selbstfahrender Fahrzeuge diskutiert wird.
b) S*S erarbeiten in Ich-Du-Wir (Think-Pair-Share) eine Stellungnahme.
c) S*S benennen Fragen, die im Weiteren bedacht werden sollten.

Baustein 2: Die Welt der autonomen Fahrzeuge

Zeitaufwand: 1–2 Stunden

a) S*S recherchieren arbeitsteilig in Tandems:
   - Der Verkehr der Zukunft:
     https://www.dominik-ruder.de/2018/07/17/der-verkehr-der-zukunft/ (14.03.2024)
   - Fünf Stufen des autonomen Fahrens:
     https://www.bmw.com/de/automotive-life/autonomes-fahren.html (14.03.2024)
     https://www.tuev-nord.de/explore/de/erklaert/die-stufen-des-autonomen-fahrens/ (14.03.2024)
   - C2x (car to car- und Infrastruktur-Kommunikation):
     https://www.presseportal.de/pm/7849/4542252 (14.03.2024)
   - Unfälle mit selbstfahrenden Fahrzeugen und ihre Ursachen:
     https://www.mdr.de/wissen/autonomes-fahren-auto-100_zc-b1d0fd3e_zs-64b8d9c9.html (5.00 min; 14.03.2024)

b) S*S stellen ihre Ergebnisse vor und beziehen sie aufeinander. Was wissen wir jetzt besser?
c) S*S formulieren offene Fragen.

Baustein 3: Chancen und Risiken autonomen Fahrens

Zeitaufwand: 1–2 Stunden

a) S*S untersuchen in Tandems Chancen und Risiken selbstfahrender Fahrzeuge. Anschließend werden diese im Gespräch erörtert und zusammengefasst.
b) S*S vergleichen ihre eigenen Überlegungen mit einem Auszug einer Studie des WBGU (**M 2**) und des Philosophen Richard David Precht über die Zukunft des Verkehrs (**M 3**).
c) Darstellung in Pro und Contra (siehe oben).
d) Debatte zu der Frage „Wollen wir vollautomatisierte Fahrzeuge?“. Anschließend formulieren die S*S ihre offenen Fragen.

Baustein 4: Die ethische Herausforderung

Zeitaufwand: 1–2 Stunden

a) L bringt folgende Situation ein: *Ein vollautomatisiertes Fahrzeug auf Level 5 braucht eine Programmierung für schwierige Verkehrssituationen. Sie stehen nun vor der Frage, welcher Regel Sie folgen sollen. Ihnen liegen drei Vorschläge vor:*
   1. *Das Fahrzeug soll sich so verhalten, dass möglichst viele Leben und Lebensinteressen gerettet werden (Utilitarismus).*
   2. *Das Fahrzeug soll sich so verhalten, dass das Recht auf Leben eines jeden Individuums auf jeden Fall geschützt wird (Deontologische Ethik; Kant).*
   3. *Man sollte auf alle Programmierung verzichten und das Auto so bauen, dass es den Fahrer schützt, nach rechts ausweicht und wenn das nicht geht, nach links.*

b) S*S erörtern die Fragestellung in Gruppen und stellen ihre Ergebnisse vor.

c) Abschließende Bewertung der drei Vorschläge und Formulierung offener Fragen.

d) Mögliche Vertiefung: S*S setzen sich mit dem Spiel „Moral Machine“ auseinander:
   https://www.moralmachine.net/ (0.45 min; 14.03.2024)
   und bewerten dieses. Sollten alle das einmal spielen oder sollte man das Spiel verbieten?

Alternativ:

e) S*S erarbeiten in einem Gruppenpuzzle einen Crash-Algorithmus (**M 4**) sowie die Positionen von Julian Nida-Rümelin/Nathalie Weidenfeld (**M 5**) und Richard David Precht (**M 6**). Anschließend formulieren die S*S offene Fragen.

Baustein 5: Vertiefende Analyse

Zeitaufwand: 1–2 Stunden

a) L legt folgende Fragen vor (evtl. auswählen):
   - Was ist wichtiger: Sicherheit oder Datenschutz?
   - Wie kann angesichts einer Totalüberwachung des Straßenverkehrs die Privatsphäre geschützt werden?
   - Können Verkehrsteilnehmer*innen verpflichtet werden, nur noch autonome Fahrzeuge zu fahren?
   - Wer erhält und verwaltet die vielen Daten?
   - Wie kann man automatisiertes Fahren hacken?
   - Wer ist bei einem tödlichen Verkehrsunfall mit einem autonomen Fahrzeug verantwortlich?
   - Können Computer in gefährlichen Situationen moralisch entscheiden?
   - Wie passen digitale Mobilität und Klimaschutz zusammen?
   - …

b) S*S wählen eine Fragestellung und bearbeiten sie in Tandems.

c) Die Einsichten werden im Plenum vorgestellt und erörtert. Dabei werden grundlegende Fragen benannt.

Baustein 6: Theologisieren

Zeitaufwand: 2 Stunden

a) L legt im Stuhlkreis Karten mit grundlegenden Fragen aus und begründet diese. Eine Karte ist leer. Die S*S sollen möglichst weitere Fragen benennen. Grundlegenden Fragen können sein:
   - Was ist Autonomie?
   - Was ist Sicherheit?
   - Was ist Privatsphäre?
   - Was ist eine moralische Entscheidung?
   - Was ist Verantwortung?
   - Was ist von Technik zu halten?
   - …

b) Gemeinsames Nachdenken unter Einbezug der Impulse **M 7 (a–f)**.

Hierzu gibt es passende Karten (pdf) und PPT-Präsentationen im Downloadbereich

Baustein 7: Evaluation

Zeitaufwand: 1 Stunde

S*S gestalten ein Meme, mit dem sie ihr persönliches Lernergebnis zur Darstellung bringen. Denkbar sind auch andere Formen.

M 1 Programmierung für Dilemmasituationen

Der Fahrer eines Wagens fährt eine Straße an einem steilen Hang entlang. Der vollautomatisierte Wagen erkennt, dass auf der Straße mehrere Kinder spielen. Eine eigenverantwortliche Fahrer*in hätte jetzt die Wahl, sich selbst das Leben zu nehmen, indem er/sie den Hang ansteuert oder den Tod der Kinder in Kauf zu nehmen, indem er/sie auf die im Straßenraum spielenden Kinder zusteuert. Bei einem vollautomatischen Auto müsste die Programmierer*in oder die selbstlernende Maschine entscheiden, wie diese Situation geregelt werden kann.

Aufgabe:
Beurteilen Sie, wie das Fahrzeug entscheiden soll.

M 2 Wissenschaftlicher Beirat der Bundesregierung: Autonomes Fahren

Speziell das autonome Fahren ist noch mit vielen offenen Fragen, Herausforderungen und Unsicherheiten bezüglich quantitativer Effekte behaftet. Es können kurzfristig durch deutliche Verbesserungen bei Verkehrsfluss und Auslastung der Verkehrsinfrastruktur Zeit und Kraftstoff eingespart (schätzungsweise bis zu 31–45 % Reduktion bei Fahrzeugen mit Verbrennungsmotor und mehr als 90 % bei geteilten Elektrofahrzeugen) und somit Emissionen vermieden werden; außerdem erhöhen die technischen Systeme die Sicherheit. Langfristig scheint beim autonomen Fahren jedoch die Gefahr von Rebound-Effekten [Bumerang-Effekten] durch veränderte Kostenstrukturen und Zeitverwendung besonders groß zu sein. Es wird geschätzt, dass die Verkehrsnachfrage in Form zurückgelegter Wegstrecken um 3 % bis 27 % steigen könnte. Auch geraten ethische und Sicherheitsfragen sowie rechtliche Implikationen (etwa in Bezug auf das Mensch-Maschinen-Verhältnis, Haftung, Entscheidungen in kritischen Unfallsituationen und Mischverkehr, vor allem mit Fuß- und Radverkehr) zunehmend in den Blickpunkt.
Eine prinzipielle Herausforderung digital unterstützter Mobilität ist auch der Umgang mit Daten. Vielfach ist für Nutzer*innen nicht klar, welche Daten genau im Rahmen neuer Geschäftsmodelle von den Anbietern gesammelt und wie sie verwendet werden. Auch sind gerade Positions- und Mobilitätsdaten besonders sensibel, da aus ihnen selbst nach einer Anonymisierung auf die Identität der Nutzer*innen geschlossen werden kann und sie sogar herangezogen werden können, um einer Person weitere unabhängige Datensätze zuzuordnen. Hier gilt es Lösungen zu finden und durchzusetzen, um die Privatsphäre der Nutzer*innen zu bewahren.

Aufgaben:
1. Markieren Sie im Text Chancen des autonomen Fahrens grün und Risiken rot.
2. Ein Gedankenexperiment: Bewerten Sie, ob Sie nachher mit dem selbstfahrenden Fahrzeug, das Sie vor der Türe abholen möchte, nach Hause fahren würden.
3. Benennen Sie offene Fragen.

M 3 Richard David Precht, Die Zukunft des Verkehrs

Dass der fetischisierte [wie ein Gott verehrter] Individualverkehr, wie er unsere Groß- und Mittelstädte verstopft, keine lange Zukunft mehr vor sich hat, ist eine gute Nachricht. Seit sich die meisten Deutschen ein Auto, oft noch einen Zweitwagen leisten können, sind die Verkehrsprobleme immer größer geworden. In Deutschland gab es im Jahr 2017 über dreitausend Verkehrstote und fast 40.0000 Verletzte. Im Vergleich dazu lag die Zahl der Menschen, die in Deutschland 2016 ermordet wurden, bei dreihundertdreiundsiebzig! In den Jahren 2015 und 2016 starben in ganz Westeuropa hundertfünfzig Menschen an den Folgen terroristischer Anschläge. In dieser Lage ist das Versprechen, den Verkehr auf deutschen Straßen sehr viel sicherer zu machen, ein Segen.

Mehr Mobilität in der Zukunft bedeutet weniger Verkehr. Denn je mehr Verkehr auf deutschen Straßen, umso eingeschränkter ist die Bewegungsfreiheit des Einzelnen. Die Entwicklung selbstfahrender Fahrzeuge – der Begriff „autonomes Fahren“ ist irreführend, denn man fährt gerade nicht mehr selbst, also autonom – kann hierzu einen wichtigen Beitrag leisten. Diese selbstfahrenden Fahrzeuge, die bereits vereinzelt in den USA an der West- und Ostküste fahren, sind als Statussymbole unbrauchbar. Leise Elektrofahrzeuge mit schlichter, leichter Karosserie bieten sich nicht dazu an, sie mit Fuchsschwänzen auszustatten, sie laut aufheulen zu lassen oder Nachbar und Nachbarin zu beeindrucken. Das Auto wird zum reinen Nutzfahrzeug und deshalb vermutlich auch nur selten privat gekauft, jedenfalls nicht in großen Städten. Stattdessen lädt man eine entsprechende App herunter, bezahlt einen entsprechenden Tarif und hat jederzeit und an jedem Ort einer Großstadtregion Zugriff auf ein solches selbstfahrendes Fahrzeug.

Was sind die Folgen? Weltweit existieren mehr als eine Milliarde Autos, die alle viel Energie verbrauchen und die Luft verpesten. In Zukunft aber werden nur noch diejenigen Fahrzeuge benötigt, die auch in Betrieb sind (und eine kleine Reserve). In der heutigen Welt stehen Kraftfahrzeuge in erster Linie herum. Die ganze Nacht über auf einem Parkplatz und bei vielen, die mit dem Auto zur Arbeit fahren, ebenso tagsüber. Schätzungen zufolge würde damit, zumindest in den Städten, nur noch ein Fünftel der heutigen Zahl an Autos gebraucht. Parkstreifen werden weitgehend überflüssig und können hübsch begrünt oder für die Gastronomie genutzt werden. Die Autos kommen aus zentralen Tiefgaragen oder wechseln wegesparend ihren Fahrgast. Ein stärkeres dörfliches Flair zieht in unsere Großstädte ein; ein bisschen so wie auf den Kupferstichen aus der Mitte des 19. Jahrhunderts. Die Stadt wird leiser, grüner und vor allem: sicherer! Mehr als 90 Prozent aller Verkehrsunfälle gehen auf menschliches Versagen zurück. Bei selbstfahrenden Autos könnten sie gegen null tendieren. Den Kindern der Zukunft muss nicht mehr ganz so scharf eingetrichtert werden, was jedes deutsche Kind lernen musste: große Angst vor Autos und Verkehr zu haben! Staus können weitgehend vermieden werden, und die Schadstoffemissionen sinken beträchtlich. Was für ein Zugewinn an Lebensqualität!

Richard David Precht, Jäger, Hirten, Kritiker. Eine Utopie für die digitale Gesellschaft. © 2018 Wilhelm Goldmann Verlag, München, in der Penguin Random House Verlagsgruppe GmbH

Aufgaben:

- Ein Gedankenexperiment: Der Discounter um die Ecke bietet ein autonomes Fahrzeug zu einem kleinen Preis an. Bewerten Sie, ob ein Kauf für Sie in Frage kommt.
- Beschreiben Sie die Folgen, die das autonome Fahren laut Precht für die Menschheit hat.
- Vergleichen Sie Ihre Argumentation mit der von Precht und dem wissenschaftlichen Beirat der Bundesregierung.
- Benennen Sie offene Fragen.

M 4 Einen Crash-Algorithmus für den Autopiloten programmieren

Ein autonomes Fahrzeug erkennt, dass eine Kollision mit einem Hindernis wahrscheinlich ist. Wie könnte ein Crash-Algorithmus aufgebaut sein, der moralische Gesichtspunkte beachtet?
In der Diskussion findet man folgende Schritte:

1. Das Fahrzeug erfasst alle Hindernisse, auf die es zufährt. Es unterscheidet, ob es sich dabei um Lebewesen (z.B. Fußgänger*innen, Kinder, alte oder gehbehinderte Menschen mit Rollator, Tiere ...) oder Gegenstände (Ampelanlage, Felsen ...) handelt.
2. Es legt jedem Hindernis einen negativen Wert für den Fall einer Kollision zu. Dabei sind die Werte für Lebewesen höher als die für Gegenstände. Die Werte geben die Höhe des Übels an.
3. Das Fahrzeug berechnet das erwartbare Verhalten und die mögliche Bewegung der Hindernisse und versieht diese mit höheren und geringeren Wahrscheinlichkeiten.
4. Es berechnet mögliche eigene Bewegungsbahnen des Fahrzeugs unter Einbezug der Bewegungen der Hindernisse, der aktuellen Geschwindigkeit, der Lenkbewegungen, des Bremsverhaltens, aber auch der Straßenverhältnisse (Eis, Regen usw.).
5. Das Fahrzeug berechnet die Wahrscheinlichkeit (von 0 bis 1) der verschiedenen Bewegungsbahnen und multipliziert diese Werte mit dem in Schritt 2 festgelegten Wert für die Hindernisse.
6. Es legt die Bewegungsbahn mit dem geringsten Wert und damit mit dem geringsten Übel fest.
7. Das Fahrzeug legt daraufhin Bremstätigkeit, Beschleunigung und Lenkungsverhalten fest.
8. Zur Sicherheit wird dieser Vorgang noch einmal wiederholt.

Aufgaben:
1. Stellen Sie die Entscheidung des Algorithmus in einer Grafik dar.
2. Arbeiten Sie heraus, mit welchen moralischen Vorstellungen der Algorithmus arbeitet.
3. Untersuchen Sie, ob alle Faktoren berücksichtigt sind. Benennen Sie offene Fragen.
4. Beurteilen Sie, ob dieser Algorithmus bei selbststeuernden Fahrzeugen eingesetzt werden soll.

M 5 Julian Nida-Rümelin / Nathalie Weidenfeld, Autonomes Fahren

Alle Sicherheitsvorteile durch Digitalisierung des Individualverkehrs [...] lassen sich durch Assistenzsysteme erreichen. Umstritten ist der Übergang vom hochautomatisierten zum autonomen Fahren, das die Verantwortung eines Fahrers ausschließt. Selbstverständlich ist ein solcher Übergang vorstellbar und technisch realisierbar, aber nur unter der Bedingung, dass dieser Übergang ohne Verletzung fundamentaler Prinzipien der Humanität erfolgt. Eine Verrechnung von Menschenleben, ein Kalkül, in dem ein Menschenleben gegen 17 Verletzungen verrechnet wird, oder gar die Abwägung unterschiedlicher Lebenserwartungen je nach Lebensalter potentieller Unfallopfer darf es nicht geben.

Ein weiteres ethisches Problem wird dadurch aufgeworfen, dass manche Personen durch ihr Verhalten Unfälle erst hervorrufen, andere aber unschuldig in Unfälle hineingezogen werden. Angenommen, eine Gruppe von sechs Personen läuft, ohne auf den Verkehr zu achten, auf die Straße und ein autonom fahrendes Auto kann ihnen nicht ausweichen, ohne den eigenen Interessen oder einen Passanten auf dem Gehweg schwer zu verletzen. Eine rein auf Verletzungsminimierung ausgelegte Programmierung würde eines der Ausweichmanöver in Kauf nehmen, wenn es die einzige Möglichkeit ist, schwere Verletzungen einer größeren Anzahl Menschen zu vermeiden. Aber es erscheint ungerecht, wenn die Kosten für das riskante Fehlverhalten eines Akteurs bzw. einer Gruppe einem anderen auferlegt werden, der selbst nichts falsch gemacht hat. Zwar kann es immer passieren, dass in Unfällen Menschen verletzt werden, die nichts falsch gemacht haben, aber hier geht es nicht um einen tragischen Schicksalsschlag. Das Auto würde explizit darauf programmiert werden, im Notfall auch Unschuldige zu opfern, um die eigentlichen Verursacher des Unfalles vor den Konsequenzen ihres Fehlverhaltens zu schützen. [...]

Ein für alle Mal festzulegen, wie Fragen dieser Art richtig zu beantworten wären, ist mit den Normen eines demokratischen Rechtsstaats nicht vereinbar. Diese sind nämlich deontologisch und nicht konsequentialistisch verfasst: Nicht die Maximierung der intersubjektiven Nutzensumme steht im Vordergrund, sondern die Sicherung individueller Rechte und Freiheiten. Die normative Ordnung eines demokratischen Rechtsstaates garantiert individuelle Rechte, d.h., dass unter anderem das Recht auf Leben jedes einzelne Individuum vor staatlichen, aber vor Entscheidungen Dritter schützt. Diese grundlegenden Individualrechte zu wahren, ist ein übergeordnetes Staatsziel. Die Verletzung von Grundrechten lässt sich durch Vorteile für Dritte, wie groß diese auch sein mögen, nicht aufwiegen. In Kantischen Begriffen ausgedrückt: Ein Mensch darf niemals als bloßes Mittel behandelt werden.

Aufgaben:

1. Beschreiben Sie die ethischen Herausforderungen, die das autonome Fahren nach den Verfasser*innen an die Menschheit stellt.
2. Ethische Konzepte argumentieren konsequentialistisch, wenn sich moralisch gutes Handeln in der ersten Linie an den Folgen zeigt. Ein Beispiel hierfür ist der Utilitarismus: Richtiges und gutes Handeln zeigt sich darin, dass dieses das größtmögliche Glück der größtmöglichen Anzahl an Menschen zur Folge hat. Vertreter*innen einer deontologischen Ethik behaupten, dass neben den Folgen einer Handlung auch andere Gesichtspunkte zu beachten sind, die eine Handlung richtig bzw. sogar als Maxime verpflichtend machen. Dieser Maßstab für gutes oder schlechtes Handeln kann auch dann bindend sein, wenn die Handlungsfolgen ungünstig sind.
   Beschreiben Sie, wie Vertreter*innen einer deontologischen Ethik und wie Vertreter*innen einer konsequentialistischen Ethik den Nutzen und die Gefahren des autonomen Fortbewegens beurteilen.
3. Beurteilen Sie die Ansicht der Autor*innen und benennen Sie offene Fragen.

M 6 Richard David Precht, Ethische Fragen bei selbstfahrenden Autos

Auch die ethischen Fragen, etwa die, wie ein selbstfahrendes Auto beim Ausweichen programmiert sein soll, halten den Verkehr der Zukunft nicht auf. Man muss sich nur von dem Gedanken verabschieden, dass ein selbstfahrendes Auto „lernen“ soll. Noch soll jede schwierige Verkehrssituation als Lernerfahrung die Software verändern. Um diese zu kontrollieren, bedarf es einer Überwachungssoftware, die wiederum von anderer Software überwacht wird. Und auch dieses Softwaresystem soll lernfähig sein. Am Ende steht eine Verkehrssoftware, die niemand so programmiert hat und die außer Kontrolle gerät. Dass das keine allzu gute Idee ist, ist klar. Die Frage ist, warum die Software im Auto tatsächlich lernen soll und muss? Wenn ein Auto in einer schwierigen Verkehrssituation ausweichen muss, sollte man gar nicht erst versuchen, es „ethisch“ zu programmieren. Eine rein technische Lösung ist viel besser: Fahrer schützen, nach rechts ausweichen, wenn das nicht geht, nach links. Solange man das Auto nicht mit einer Sensortechnik zur Gesichtserkennung ausstattet, die Personen nach Alter, Geschlecht und so weiter erkennt (und man muss ja nicht!), sind all die bizarren Gedankenspiele um den Lebenswert von Rentnern und Kleinkindern bei der Auto-Programmierung weitgehend gegenstandslos. Das Auto bleibt ethisch neutral, und Angst vor seinen „Lernerfahrungen“ braucht niemand zu haben.

Aufgaben:
1. Beschreiben Sie, was für Precht ethisch neutrale Fahrzeuge sind.
2. Beurteilen Sie seine Argumentation. Ziehen Sie dazu auch den Artikel aus dem Glossar zu schwacher und starker KI heran.
3. Benennen Sie offene Fragen.

M 7 Impulse zum Theologisieren

M 7a Was ist Autonomie?

*Autonome Fahrzeuge treffen selbstständige Entscheidungen, steuern komplexe Prozesse und sind in der Lage, sich selbst zu optimieren, indem sie sich z.B. den Fahrer*innen anpassen. Andere sprechen von „automatisierten Fahrzeugen" und vermeiden im Blick auf Fahrzeuge den Begriff „autonom". Sie verweisen darauf, dass diese selbststeuernden Fahrzeuge von festgelegten Algorithmen gesteuert werden, bei denen bei gleichen Bedingungen immer die gleichen Ergebnisse entstehen. Maschinen wirken daher wenig selbstbestimmt. Wer hat recht? Die Entscheidung setzt voraus, dass man klärt, was Autonomie meint.*

1 Der Begriff Autonomie
Die Bedeutung des Wortes „Autonomie" lässt sich aus dem Griechischen (autós – selbst und nómos – Gesetz) ableiten: Im wörtlichen Sinn spricht man von „Selbstgesetzgebung", im weiteren Sinne von „Selbstbestimmung". Wer autonom ist, gibt sich seine Regeln selbst und entscheidet sich frei. Er wird nicht von anderen bestimmt. Das Gegenteil der Autonomie ist Heteronomie und damit Fremdbestimmung. Diese kommt meist von außen. Andere bestimmen dann über mich. Fremdbestimmung kann jedoch auch von innen kommen, wenn man z.B. Drogen nimmt, von Ängsten ergriffen ist oder das permanente Bedürfnis hat, ständig im Mittelpunkt zu stehen oder von anderen gelobt zu werden.

2 Kants Sicht von Autonomie
Nach dem Philosophen Immanuel Kant ist der Mensch ein Vernunftwesen. Deshalb bestimmt man erst richtig über sich selbst, wenn man sich nicht von Gefühlen oder fremden Moralvorstellungen, sondern von vernünftigen Gründen leiten lässt, die man selbst durch sorgfältiges Abwägen gewonnen hat. Autonom ist man, wenn man aufgrund vernünftiger Überlegung handelt.
Diese vernünftige Überlegung zeigt sich in der Prüfung, ob die Leitlinie für das eigene Handeln (die „Maxime") als allgemeingültiges Gesetz für alle Menschen gelten kann (Kategorischer Imperativ). So soll man nicht lügen, weil eine Gesellschaft zusammenbricht, wenn die oberste Verhaltensregel darin besteht, dass alle lügen. Es zeigt sich, dass die Autonomie eines Einzelnen immer auch mit dem Zusammenleben aller zu tun hat. Autonomie besteht nicht einfach darin, zu tun und zu lassen, was man gerade möchte.

3 Der christliche Glaube und die Selbstbestimmung
Der christliche Glaube beschäftigt sich mit der Frage, was Menschen befähigt, klar und vernünftig zu denken, und dann auch noch befähigt, die eigenen Schlussfolgerungen eins zu eins umzusetzen.
Das ist alles andere als selbstverständlich, denn Menschen haben oft Angst um sich selbst. Daher denken sie oftmals nur an ihren eigenen Vorteil. Um kompetent zu erscheinen, orientieren sie sich an den Vorstellungen und Wahrnehmungen anderer. Damit sind sie in ihrem Handeln fremdbestimmt.
Um selbstbestimmt leben zu können, benötigen Menschen das Gefühl, dass sie als Person respektiert werden, unabhängig davon, woher sie kommen, wie sie aussehen und was sie können. Dann kann sich ein Grundvertrauen ausbilden. Dann leben wir Menschen in einer Welt, die trotz allem Auf und Ab letztendlich vertrauenswürdig ist und für jeden einen Platz und eine Aufgabe hat.
Christ*innen gehen davon aus, dass Gott sie und die Welt nicht allein lässt und sowohl für den Einzelnen und die Einzelne als auch die ganze Welt eine gute Zukunft vorgesehen hat. Weil sie darauf vertrauen, sorgen sie sich nicht allzu sehr um sich selbst, sondern haben Augen, Ohren und Hände für andere. Sie arbeiten mit an einer Welt, in der Frieden und Gerechtigkeit herrscht sowie die Schöpfung bewahrt wird. Autonomie heißt für sie, aus freien Stücken Nächstenliebe zu praktizieren, ohne sich dabei selbst zu vergessen.

4 Nur technische Autonomie
Vollautomatisierten Fahrzeugen kann eine „technische Autonomie" zugeschrieben werden. Sie können ohne Einfluss von außen rechnen und sich auch weiterentwickeln. Sie werden dabei von inneren Strukturen bestimmt. Allerdings besitzen sie keine menschliche Autonomie. Autonome Fahrzeuge handeln nicht aus persönlichen Gründen, sondern aufgrund von festgelegten Rechenoperationen. Sie reagieren nicht aufgrund eines grundlegenden Lebensgefühls und können nicht aus freien Stücken auf andere Rücksicht nehmen.

M 7b Was ist Sicherheit?

Ein Hauptargument für selbstfahrende Autos ist die Reduktion der Verkehrstoten um 90 %. Automatisierte Fahrzeuge dienen danach vor allem der Sicherheit im Straßenverkehr. Mit diesem Argument will man die Entwicklung autonomen Fahrens als richtig und notwendig darstellen. Da stellt sich jedoch die Frage: Was ist unter Sicherheit zu verstehen?

1 Der Begriff Sicherheit

Das Wort Sicherheit kommt von dem lateinischen Wort „securitas“ und besteht aus den Bestandteilen sine = ohne, Cura = Sorge und meint zusammengenommen „ohne Sorge“. Bei Sicherheit geht es also um ein Leben ohne Sorgen. Sicherheit kann man deshalb definieren als die Abwesenheit von Gefahren und den Erhalt physischer und psychischer Unversehrtheit.

2 Dimensionen von Sicherheit

Sicherheit hat verschiedene Dimensionen. Bei der „äußeren Sicherheit“ geht es um den Schutz vor Bedrohungen von außen (z.B. Krieg, Terroranschläge, Klimakatastrophen, Pandemien). Bei der „inneren Sicherheit“ geht es um den Schutz vor Kriminalität, Katastrophen, Unfällen, aber auch um den Schutz von Eigentum, der Strom- und Wasserversorgung und auch von Daten. Zur inneren Sicherheit gehört zudem die Sicherung der ärztlichen Versorgung. In beiden Dimensionen ist der Staat zuständig. Zu seinen Grundaufgaben gehört es, Grundlagen für eine selbstbestimmte Ausgestaltung des eigenen Lebens in der Gemeinschaft mit anderen zu schaffen. Neben einer solchen „objektiven“ Sicherheit gibt es eine „subjektive“ Sicherheit, die in einem Sicherheitsgefühl besteht. Offenkundig macht dieses Gefühl Menschen freier, mutiger, kooperativer und befördert die Effektivität gemeinsamen Handelns.

3 Sicherheit und Freiheit

Sicherheit dient einem Leben in Freiheit, Würde und Vertrauen – in der Gemeinschaft mit anderen. Menschen sollen sich ohne Angst frei entfalten können. Allerdings können zwischen Sicherheit und Freiheit Spannungen auftreten. Automatisiertes Fahren ist verbunden mit einer umfangreichen Sammlung und Auswertung persönlicher Daten. Jede Bewegung des Fahrzeugs wird registriert und überwacht, ohne dass der Fahrer oder die Fahrerin dies mitbekommt und weiß. Zudem können die Rechner des Fahrzeugs oder die Daten aus der Umgebung gehackt werden. Sicherheitsmaßnahmen können zu Sicherheitsrisiken führen. Das Versprechen großer Sicherheit kann auch dazu dienen, andere Interessen zu verbergen.
Das Schaffen von Sicherheit geht oft auf Kosten von Freiheit und Selbstbestimmung. Wer in Zeiten einer Pandemie z.B. auf Reisefreiheit besteht, kann den Gesundheitsschutz und damit die kollektive Sicherheit gefährden. Es gilt also immer wieder neu, eine Balance von Sicherheit und Freiheit zu finden.

4 Sicherheit und christlicher Glaube

Der christliche Glaube sieht den Menschen als Geschöpf Gottes an, das bedingungslos bejaht und gewollt ist. Er ist ein Wesen, das „aus Erde gemacht und wieder zur Erde wird“ (2. Mose 2,7; 3,19). Der Mensch wird damit als endlich, begrenzt und vergänglich gesehen. Er hat sein Leben nie vollständig im Griff. Er macht auch immer wieder Fehler. Und manche wollen anderen absichtlich schaden. Eine vollkommene Sicherheit ist Illusion.
Auf diesem Hintergrund geht der christliche Glaube davon aus, dass ein Leben gesicherte Grundlagen braucht. Menschen brauchen verbindliche Regeln, die ihr Leben und ihre Freiheit schützen. Sie brauchen die Gewissheit, mit anderen in Frieden und Freiheit leben zu können – auch in der Freiheit von der Angst um das eigene Leben. Sie brauchen die Balance von Sicherheit und Freiheit. Darauf zielen die Zehn Gebote.
Diese Balance muss immer wieder neu hergestellt werden, denn es gibt ständig neue Herausforderungen. Das gelingt aus christlicher Sicht am ehesten, wenn Menschen akzeptieren können, dass das Leben Risiken enthält und absolute Sicherheit nicht möglich ist – und sie trotzdem zuversichtlich durch das Leben gehen können. Christ*innen hoffen darauf, dass der Glaube an den Gott, den Jesus zeigt, ihnen die Kraft und den Mut gibt, die Endlichkeit und die Risiken des Lebens anzunehmen – ohne die Sicherung der Grundlagen für ein gemeinsames Leben in Frieden und Gerechtigkeit aufzugeben.

Paulus sagt das so: „Ich bin gewiss, dass weder Tod noch Leben, weder Engel noch Mächte noch Gewalten, weder Gegenwärtiges noch Zukünftiges, weder Hohes noch Tiefes noch eine andere Kreatur uns scheiden kann von der Liebe Gottes, die in Christus Jesus ist, unserm Herrn“ (Röm 8,38–39).

5 Zweifel an großen Versprechen

Was im Einzelfall Sicherheit gibt, muss immer wieder neu bedacht und geprüft werden. Entscheidend ist, ob die Sicherungsmaßnahmen ein Leben in Freiheit und Gerechtigkeit fördert – und dabei Fehler und kriminelles Handeln nicht aus dem Blick verliert. Große Versprechen verdienen immer Zweifel, vollkommene Sicherheit gibt es nicht.

M 7c Was ist Privatsphäre?

*Automatisierte Fahrzeuge sammeln Daten über die mit ihnen getätigten Fahrten, zum Teil ohne dass dies die Fahrzeughalter*innen wissen oder zugestimmt haben. Niemand kann unerkannt, unbeobachtet und frei von A nach B fahren. Die Frage ist, ob dies die Privatsphäre eines Menschen verletzt. Das setzt jedoch die Klärung der Frage voraus, was unter Privatsphäre zu verstehen ist.*

1 Der Begriff

Privatsphäre (von lat. privatus einer Einzelperson gehörig), bezeichnet einen eigenen Bereich, in dem der Mensch seine Persönlichkeit frei und unbeobachtet entfalten kann und andere ohne seine Zustimmung keinen Zugang haben. In diesem Bereich darf gerade auch der Staat nicht eingreifen und hat zugleich die Aufgabe, diesen Bereich vor willkürlichen Eingriffen zu schützen (Art 2,1 GG). Zur Privatsphäre gehört die eigene Wohnung, das Familienleben, die Kommunikation mit anderen, die Person mit ihrem Namen, mit ihren Gefühlen und Gedanken, mit ihrer Sexualität und ihrem Beruf. Ebenso zählen die Religionszugehörigkeit und das Gewissen zu diesem geschützten Raum.

2 Der Hintergrund

Hinter dem Schutz der Privatsphäre steht die Sicht des Menschen als freies Individuum, das Recht auf Freiräume hat, in dem es ganz allein und ohne Einwirkung von außen sein Leben selbstbestimmt gestalten kann. Selbstverständlich ist der Mensch immer auch Teil der Gemeinschaft und muss sich an gemeinsam vereinbarte Regeln und Grundsätze halten. Doch der gesonderte Bereich der Privatsphäre unterstreicht, dass jeder Mensch eine unantastbare Würde hat und deshalb das Recht auf die freie Entfaltung seiner Persönlichkeit. Im Grundgesetz Art. 2,2 heißt es deshalb: „Die Freiheit der Person ist unverletzlich.“

3 Es geht um die Beziehung zu Gott

Für den christlichen Glauben ist der Mensch ein Beziehungswesen. Er steht in Beziehung zu anderen, zur Umwelt und zu sich. Er steht aber auch in der Beziehung zu Gott, die keiner von außen beurteilen kann. Da geht es um das, was Menschen „tief innen drin“ bewegt, worauf sie hoffen und wovor sie sich fürchten. Da geht es um das, was nur sie wissen, aber auch um das, was sie von sich nicht wissen – oder nicht wissen wollen. Der Mensch ist letztlich sich selbst ein Geheimnis. Wer weiß denn schon, wie er auf den Verlust einer ihm nahen Person reagieren wird? Christ*innen glauben aber, dass Gott jeden Menschen kennt, auch das, was er nicht von sich weiß, was in Psalm 139,1–6 zum Ausdruck kommt:

> HERR, du erforschest mich / und kennest mich.
> 2 Ich sitze oder stehe auf, so weißt du es;
> du verstehst meine Gedanken von ferne.
> 3 Ich gehe oder liege, so bist du um mich
> und siehst alle meine Wege.
> 4 Denn siehe, es ist kein Wort auf meiner Zunge,
> das du, HERR, nicht schon wüsstest.
> 5 Von allen Seiten umgibst du mich
> und hältst deine Hand über mir.
> 6 Diese Erkenntnis ist mir zu wunderbar und zu hoch,
> ich kann sie nicht begreifen.

Für den christlichen Glauben gibt es demnach einen Bereich im Menschen, der anderen nicht zugänglich ist und über den auch der Mensch nicht vollständig Auskunft geben kann. Das ist seine Beziehung zu Gott. Sie ist seine Privatsache. Hier kann und darf niemand eingreifen.

4 Recht auf einen Bereich, über den man allein bestimmt

Jeder Mensch hat das Recht auf einen Bereich, in den andere nicht eingreifen dürfen, es sei denn, der Mensch stimmt dem ausdrücklich zu. Im Blick auf autonomes Fahren ergibt sich als Konsequenz, dass der Mensch wissen muss, welche Daten von ihm gesammelt werden, wer darüber verfügt und was damit gemacht wird. Er muss dafür seine Zustimmung gegeben haben. Werden die Daten neu verwendet, muss wieder Zustimmung eingeholt werden. Werden sie zur Grundlage einer Entscheidung gemacht, muss dies offengelegt werden.
Auf keinen Fall darf man den Versuch machen, den Menschen ganz durchschauen zu wollen und daraus weitreichende sowie irreversible Entscheidungen abzuleiten. Aus christlicher Perspektive zeigt die Zusage eines gnädigen Gottes, dass kein Mensch für immer auf das festgelegt werden kann, was er getan hat.

M 7d Was ist eine moralische Entscheidung?

Auch automatisierte Fahrzeuge geraten in die Gefahr, einen Unfall zu verursachen oder darin verwickelt zu werden. Dafür bedarf es eines „Crash-Optimierungs-Systems". Dieses legt fest, was das Auto in einem solchen Fall machen soll. Besonders herausfordernd wird es, wenn es um Tod und Leben geht. Da muss das Fahrzeug eine moralische Entscheidung treffen. Aber kann ein automatisiertes Fahrzeug eine moralische Entscheidung treffen? Die Antwort hängt auch davon ab, was man unter Moral und einer moralischen Entscheidung versteht. (Siehe auch die Impulse zu „Roboter")

1 Definitionen
Moral ist ein System von Normen und Regeln, das man anwendet, wenn es um gut oder schlecht, richtig oder falsch, erlaubt oder verboten geht. Moralische Entscheidungen sind Entscheidungen, in denen es um gutes oder schlechtes, richtiges oder falsches Handeln geht.

2 Wurzeln und Faktoren moralischer Entscheidungen
Was Menschen als richtig oder falsch erachten, wird bestimmt von der Erziehung, von Vorbildern, von der gesellschaftlichen Diskussion und von eigenem Nachdenken. Eine wichtige Rolle spielt aber auch die konkrete Situation, die damit verbundenen Gefühle sowie das eigene Ich. Ich muss mir nach einer moralischen Entscheidung noch selbst ins Gesicht sehen können.

3 Moralische Entscheidungen im Alltag
Die meisten moralischen Entscheidungen werden intuitiv und ohne größeres Nachdenken getroffen. In schwierigen Situationen muss man aber auch über die intuitiven Lösungen noch einmal gründlich nachdenken. Dabei kommt es darauf an, was man unter dem „Guten" verstehen will.

4 Konzeptionen des Guten
Für Kant besteht das Gute darin, dass kein Mensch als Mittel zum Zweck behandelt werden darf (Pflichtenethik). Er darf nie für andere „geopfert" werden. Für Bentham besteht das Gute in dem Glück der größtmöglichen Zahl der von einer Entscheidung Betroffenen (teleologische bzw. utilitaristische Ethik).

5 Das Gute im christlichen Glauben
Für den christlichen Glauben zeigt sich das Gute im Doppelgebot der Liebe. Das Gute entsteht, wenn sich Menschen gerne anderen zuwenden und ihnen mit Respekt und Achtung begegnen.

6 Funktionale, aber keine menschliche Moral
Automatisierte Fahrzeuge folgen in ihrem „Crash-Optimierungssystem" einer utilitaristischen Ethik, bei dem die möglichen Folgen einer Kollision quantifiziert, berechnet und verglichen werden – und dann zur Grundlage des Handelns gemacht wird. Bei dieser Quantifizierung werden Folgen bei verschiedenen Betroffenen bewertet. Diese Bewertung wendet das Fahrzeug auf eine unvorhersehbare Situation ohne Einwirkung von außen an, indem es (mit den Sensoren und Kameras) die Situation wahrnimmt, (im Rechner) beurteilt und daraufhin das System reagieren lässt. Insofern kann man von einer „funktionalen Moral" sprechen.
Allerdings beruht die „Entscheidung" des Fahrzeugs auf Vorannahmen, die Programmierer*innen vorgenommen haben. Daraus ist zu folgern, dass ein Fahrzeug in der Urteilsfindung rein technisch und somit anders als ein Mensch vorgeht. Ein Fahrzeug kann deshalb auch keine „Gründe" für seine Steuerung angeben. Es wägt auch nicht ab, sondern vollzieht (sicherlich sehr schnell) eine Berechnung. Es besitzt demgemäß keine menschliche Moral und kann nicht im menschlichen Sinne moralisch entscheiden.

M 7e Was ist Verantwortung?

*Beim vollautomatisierten Fahren verlagert sich die Verantwortung von Halter*innen bzw. Nutzer*innen auf die technischen Systeme und ihre Hersteller, Lieferer und Betreiber. Es kommt zu einer „geteilten" Verantwortung von Fahrzeughersteller, Betreiber der verkehrstechnischen Infrastruktur, Netzbetreiber, Hersteller von digitalen Karten, TÜV u.a.m. Sie stellen Produkte, Daten und ihre Kommunikation zur Verfügung. Die Frage ist, welche Verantwortung nicht-steuernde Nutzer*innen oder Halter*innen haben und ob auch ein selbstlernendes Fahrzeug Verantwortung trägt. Das setzt aber voraus, dass man klärt, was Verantwortung ist. (Siehe auch die Impulse bei „Roboter")*

1 Was Verantwortung meint
Verantwortung meint, für ein Ereignis zuständig und verpflichtet zu sein, dafür Rede und Antwort zu stehen. Ganz allgemein kann man sagen: Verantwortung meint ein Beziehungsgefüge: Eine Person (Wer?) ist anderen (Wem?) für etwas (Wofür?), aus welchen Gründen (Weswegen?) rechenschaftspflichtig und muss für mögliche Folgen geradestehen.

2 Voraussetzungen von Verantwortung
Entscheidende Voraussetzung, ob jemand für eine Kollision verantwortlich gemacht werden kann, ist seine Beteiligung an dem Geschehen (z.B. mit einem Produkt, das versagt hat), seine Möglichkeit auf das Geschehen Einfluss zu nehmen, aber auch die Fähigkeit, sich mit Gründen zu rechtfertigen und die Konsequenzen (z.B. Haftung, rechtliche Verurteilung) zu tragen.

3 Der christliche Glaube und Verantwortung
Der christliche Glaube macht Mut, Verantwortung zu übernehmen. Als Ebenbild Gottes ist der Mensch dazu bestimmt, aus freien Stücken sein Leben in Entsprechung zu dem Gott, der Nächstenliebe, Freiheit und Gerechtigkeit will, zu gestalten und dafür vor Gott Rechenschaft abzulegen. Christ*innen wissen, dass das zur Last werden und auch schuldig machen kann. Sie setzen aber darauf, dass Gott nicht einfach fordert, sondern auch Wege zeigt und vor allem niemanden fertig macht. Never.

4 Selbststeuerende Fahrzeuge können sich nicht rechtfertigen
Vermutlich können auch Fahrzeugnutzer*innen für den Crash eines vollautomatisierten Fahrzeugs (mit-)verantwortlich sein, nämlich dann, wenn sie vor Fahrtantritt nicht seine Funktionalität im Rahmen des Möglichen überprüft haben. In dem hier beschriebenen Sinne wird jedoch das selbstlernende Fahrzeug nicht verantwortlich gemacht werden können. Es ist zwar ursächlich beteiligt, ist aber nicht in der Lage, sich mit Gründen zu rechtfertigen und Konsequenzen zu übernehmen. Es ist schon gar nicht in der Lage, sein Dasein von Gott her zu gestalten.

M 7f Was ist von Technik zu halten?

Das selbstfahrende Fahrzeug kann als Triumph der Technik bezeichnet werden. Viele Probleme werden gelöst, das Leben wird leichter, doch gewisse Risiken sind zu sehen. Dies stellt die Frage, was Technik ist und was man von ihr halten soll.

1 Das Wort Technik

Das Wort Technik stammt von dem griech. Wort „téchne" (= Kunst, Handwerk, Kunstfertigkeit). Es geht einmal um Fertigkeiten oder Geschicklichkeit (Schusstechnik beim Fußball), zum anderen um Gerätschaften, mit denen eine Aufgabe erledigt werden kann (Telefon, Automobil). Als Technik bezeichnet man Werkzeuge und Maschinen sowie Verfahren, die von Menschen erfunden und unter Ausnutzung der Naturgesetze zur Umgestaltung der Welt benutzt werden.

2 Das Wesen der Technik

Philosophen betrachten Technik als ein Wesensmerkmal und eine Ausdrucksform des Menschen. Der Mensch wird ohne festgelegte Verhaltensmuster geboren und muss sich Verhaltenssicherheit in der Welt immer erst erwerben. Er ist weltoffen und nicht auf eine bestimmte Umwelt festgelegt. Der Mensch ist deshalb darauf angewiesen, die Natur mit Werkzeugen zu verändern, und seinen Bedürfnissen anzupassen. Zwar kennen auch andere Lebewesen Werkzeuge, doch zur Eigenart des Menschen gehört, dass er Werkzeuge erfindet, um Werkzeuge herzustellen. Wesentlich für den Menschen ist der intelligente, d.h. zweckvoll geplante Umgang mit der Natur. Aus Natur wird so Kultur, die in ihren Gestalten erzählt, was der Mensch zum Leben braucht und was ihm wichtig ist.

3 Die Geschichte der Technik

Erste Meilensteine in der Geschichte der Technik sind Waffen und Werkzeuge aus Bronze, die Erfindung des Rads, des Pflugs, Segelschiffe und später Flaschenzug und Wasserräder.
Am Beginn der Neuzeit kommt es zu technischen Erfindungen wie Uhren, Mikroskope, Gewehre und Kanonen, vor allem aber auch zur Erfindung des Buchdrucks. Jetzt verbindet sich die Handwerkskunst mit wissenschaftlicher Erkenntnis auf der Grundlage von genauer Beobachtung und mathematischer Berechnung. In der Folge kommt es zu einer rasanten Beschleunigung der technischen Entwicklung, die bis heute andauert und der Mensch entscheidenden Einfluss auf die gesamte Erde erwirbt. Man spricht deshalb von dem „Anthropozän".

4 Die Ambivalenz

Doch der Fortschritt ist auch mit Krisen und Belastungen verbunden. Das Automobil verschaffte individuelle Bewegungsfreiheit, führte aber auch zu Lärm, Klimagasen, Unfällen, Staus und Verkehrschaos. Der Einsatz von Chemie in der Landwirtschaft steigerte die Produktion von Lebensmitteln, führte aber auch zum Aussterben von Pflanzen und Tieren.
Viele technische Errungenschaften verdanken sich politischen, wirtschaftlichen oder militärischen Interessen. Das Gemeinwohl kommt dabei oft zu kurz. Mit der KI entsteht eine Technik, die in der Lage zu sein scheint, sich zu verselbständigen und sogar die Menschen zu beherrschen. Das macht vielen Angst.
Technologie ist ambivalent. Sie hat nicht bloß positive, sondern auch negative Folgen. Diese Ambivalenz fordert heraus, nicht sofort erkennbare Folgen zu bedenken (Technologiefolgenabschätzung) und sorgfältig zu bedenken, ob das für die Menschen gut und richtig ist.

5 Der christliche Glaube und die Technik

Nach biblischem Verständnis ist der Mensch Mitgestalter der Schöpfung. Er kooperiert mit Gott wie die Benennung der Tiere durch den „Erdling" Adam in der Paradiesgeschichte zeigt (1. Mose 2,19). Der Mensch ist also nicht nur Teil der Schöpfung, sondern auch ihr Gestalter. Er soll in der Welt als Gottes Ebenbild „herrschen" (1. Mose 1,28) und den Garten Eden „bebauen und bewahren" (1. Mose 2,15). Er kann über andere Geschöpfe verfügen. Es gehört zu seinem Auftrag, seinen Lebensraum zu gestalten. Darin hat er weitgehend freie Hand. Damit bekommt der Mensch jedoch keine gottähnliche Stellung. Der Mensch muss bei dem, was er tut, bedenken, dass er Geschöpf und nicht der Schöpfer ist. Er ist begrenzt und endlich, was auch seine Erkenntnis- und Gestaltungsfähigkeit betrifft. Er kann und muss immer wieder bedenken, was gut und böse ist, was das Leben fördert und was dem Leben schadet – und dabei berücksichtigen, dass er als geschöpfliches Wesen Teil der Schöpfung und mit anderen Geschöpfen verbunden ist. Er steht der Schöpfung nicht frei gegenüber, sondern ist in ihre Lebensprozesse eingebunden. Was er tut, wirkt sich dort aus – und wirkt wieder auf ihn zurück wie man gerade an der Klimakrise merkt. Bei seinem Tun und Lassen muss der Mensch immer wieder abwägen, was ihm selbst als Gemeinschaftswesen und den anderen Geschöpfen guttut. Dabei gilt es zu bedenken, dass alles Handeln Folgen hat und diese Folgen nicht vollständig vorauszusehen sind.

6 Technik braucht Verantwortung
Technik ist Ausdruck des Wesens des Menschen und lebensnotwendig. Bei der Entwicklung und Anwendung von Technik ist danach zu fragen, wozu und wem sie dient und welche Folgen eintreten können. Zur Technik gehören Menschen, die sie verantwortlich gestalten.

Digitalisierung und ihre Deutung

Hinführende Überlegungen

Digitalisierung bedeutet zunächst einmal die Umwandlung analoger Daten (z.B. handschriftlich verfasste Texte, Fotos oder Musik) in eine digitale Form (z.B. Textdatei, jpg, mp3) sowie die Erfassung von allem was in irgendeiner Weise registriert, berechnet und annäherungsweise beschrieben werden kann. Damit werden die Ausgangsphänomene in die universell anschlussfähige Sprache der Mathematik überführt. Auf der untersten Ebene wird alles durch die Zahlenfolge 0 und 1 abgebildet.
Weiter gefasst bezeichnet Digitalisierung die Entwicklung und Anwendung digitaler sowie digitalisierter Techniken, die sich mit allen zivilisatorischen Techniken und Methoden verzahnt und diese erweitert. Damit einher geht eine tiefgreifende Umwandlung in allen wirtschaftlichen, sozialen und gesellschaftlichen Systemen, deren Auswirkungen nicht abzusehen sind.

Epochaler Wandel

Die meisten Autor*innen sehen in dieser Umwandlung einen fundamentalen Umbruch, der in seinen Auswirkungen dem beginnenden Buchdruck (15. Jahrhundert) und der industriellen Revolution (18. und 19. Jahrhundert) entspricht und wie diese ohne Ausnahme alle Lebensbereiche und damit auch das soziale Miteinander und das Selbstverständnis des Einzelnen betrifft. Es geht also um einen epochalen Wandel, dessen technische Grenzen und dessen Beschleunigung nicht absehbar sind.
Kennzeichnend für diesen Umwandlungsprozess sind vor allem fünf Entwicklungen:

1. Automatisierung von Prozessen (z.B. beim Kauf eines Zugtickets),
2. die zunehmende Vernetzung (z.B. smart home, Internet der Dinge),
3. die massenhafte Verbreitung (Smartphones auf der ganzen Welt),
4. eine steigende Datengenerierung (z.B. bei jedem Einkauf und Computernutzung) sowie
5. die steigende Speicher- und Rechenleistung.

Eine entscheidende Rolle spielt die KI (Künstliche Intelligenz; engl. AI = Artificial Intelligence) und ihre Lernverfahren. Während die „schwache KI" in der Lösung einzelner, auch sehr schwieriger Anwendungsprobleme besteht (das Spiel GO; autonomes Fahren), geht es in der „starken KI" um eine KI, die in ganz unterschiedlichen Bereichen eingesetzt werden kann, selbstlernend und selbstoptimierend verfährt und sich dabei selbst mit anderen starken KIs vernetzen kann.
Entscheidend dabei sind die Verfahren des maschinellen Lernens (ML), die in der Lage sind, in großen Mengen von Daten automatisch Muster zu finden, die die vorliegenden Daten gut erklären und neue Daten einordnen können oder ein vorgegebenes Ziel zu erreichen suchen. KI ist darin der menschlichen Fähigkeit, Daten zu erfassen, zu bearbeiten und daraus Schlüsse zu ziehen, überlegen. Sie erreicht ein Niveau, sodass es aussieht, als hätte die KI eine höhere Intelligenz. Große Bedeutung gewinnt maschinelles Lernen durch Deep Learning und das Arbeiten mit künstlichen neuronalen Netzen. Bei Formen des Deep Learning identifiziert die KI nach einem Training selbstständig Datenpunkte (z.B. aus einem Bild und einem Video), um das gewünschte Ergebnis optimal modellieren zu können.

Erklärungen

Der Soziologe Armin Nassehi[1] fragt nach der gesellschaftlichen Funktion der Digitalisierung und sucht damit eine Erklärung, warum diese in so kurzer Zeit so erfolgreich werden konnte und welches Problem sie dabei löst. Seine Einsicht ist: Die Digitalisierung dient der Bewältigung einer hochdifferenzierten, unübersichtlichen Komplexität, indem sie Muster sichtbar macht, die sich dem unmittelbaren Zugriff entziehen. Sie macht damit dieses Muster technisch versteh- und kontrollierbar.

Deutungen

In den Deutungen der Digitalisierung geht es um ihre Bedeutung für die Menschheit und die sich daraus ergebenden Konsequenzen. Die Beschreibung und Einschätzung ist durchaus umstritten: Die einen beschreiben die damit einhergehenden Veränderungen als umstürzende „Revolution", andere als eine „Transformation" und damit eine stetige Weiterentwicklung der Technologie.
Die einen verbinden damit eine *Utopie* (von griech. ou „nicht" und topos „Ort" oder topia „Landschaft"), entwerfen positive, ermutigende Bilder, Vorstellungen und greifen dabei auf vertraute Narrative wie z.B. das Paradies zurück.

1 Armin Nassehi, Muster. Theorie der digitalen Gesellschaft. München 2019

Sie sprechen dann von der Lösung der Menschheitsprobleme oder zumindest einer großen Chance hierzu.
Andere verbinden damit eine *Dystopie* (griech. dys „übel") und entwerfen negative, bedrohliche Bilder, Vorstellungen und Erzählungen (vgl. Matrix; 1984; Schöne neue Welt). Sie werden deshalb auch „Anti-Utopie" oder „schwarze Utopie" genannt. Sie weisen z.B. auf den Verlust von Arbeitsplätzen durch KI und eine Masse von „unnützen" Menschen hin. Andere erzählen von der Herrschaft der KI über die Menschen oder von einer extrem segmentierten Gesellschaft einer im Untergang befindlichen Welt. Allerdings wird hier eingewandt, dass es die Menschen sind, die der KI Herrschaft einräumen. Es sind dann die Menschen, die eine solche Bedrohung produzieren.
Viele beurteilen die Digitalisierung als ambivalent. Sie bietet je nach Standpunkt „wunderbare Möglichkeiten", aber auch „große Gefahren". Sie bedarf deshalb einer humanen Gestaltung, in der die Technologie einen wichtigen Platz zur Unterstützung der Menschen einnimmt.

Beispiele

Eine optimistische Beurteilung der Digitalisierung findet sich in der Gründer*innenszene der Hochtechnologie von Steve Jobs, dem Gründer und Visionär bei Apple:
„The people who built Silicon Valley were engineers. They learned business, they learned a lot of things, but they had a real belief that humans, if they worked hard with other creative, smart people, could solve most of humankind's problems. I believe that very much."[2]
Zu deutsch: *„Die Menschen, die das Silicon Valley aufgebaut haben, waren Ingenieure, sie kannten sich mit Business aus, sie lernten viel, vor allem aber glaubten sie fest daran, dass sie, wenn sie nur hart mit anderen kreativen Menschen arbeiteten, die meisten Probleme der Menschheit lösen würden. Das ist meine feste Überzeugung."*

Für den Historiker Yuval Noah Harari[3] bedeutet die Digitalisierung einen unaufhaltsamen Umbruch, der das Anthropozän beendet, den Untergang des Homo Sapiens mit sich bringt und die Epoche der künstlichen Intelligenz eröffnet. Humanistische „Dogmen" wie Willensfreiheit, Menschenwürde, Freiheit, Identität und Demokratie werden obsolet und mit ihnen das liberale Narrativ mit offenen Märkten, verantwortlichem Regieren, Völkerrecht, Wohlstand, Wachstum und Fortschritt. In seinen Werken beschreibt Harari die Herausforderungen des technologischen Zeitalters wie sie sich heute erkennen lassen. Sein (in seinem Buch „Homo Deus" nicht recht erkennbares) Anliegen ist es, auf Bedrohungen und Gefahren dieser Entwicklung hinzuweisen, Chancen und Risiken herauszuarbeiten, vor allem aber auch Fragen zu entwickeln. Immer wieder insistiert Harari darauf, dass Menschen herausfinden müssen, wie sie angesichts dieser Herausforderungen leben wollen.
Harari entwirft in Homo Deus (Untertitel „Eine Geschichte von morgen") ein Bild der künftigen Geschichte, was den Ausführungen von Ray Kurzweil (s.u.) ähnelt. Was als nächstes kommt, sei ein „Technohumanismus" mit einem Übermenschen, der Mensch und Technik verbindet und wie Gott ist (deshalb der Titel des Buches Homo Deus). Diesem optimierten Menschen steht eine Masse von überflüssigen und unnützen Menschen gegenüber, die nicht mehr gebraucht werden. Danach läuft alles auf eine Datenreligion hinaus, die Harari (vielleicht karikierend?) „Dataismus" nennt. In dieser herrscht allein die Information und der Datenfluss. Aufgrund der menschlichen Beschränktheit empfiehlt Harari den Menschen schon heute, sich in verschiedenen Lebensbereichen wie der Medizin aber auch bei Wahlen der überlegenen KI anzuvertrauen und ihr die Entscheidungen über das eigene und das gesellschaftliche Leben zu überlassen.

Der Philosoph Richard David Precht[4] sieht in der Digitalisierung eine Zeitenwende. Diese ist nicht bloß das Ende eines Zeitalters, sondern auch der Beginn einer neuen Zeit. Diese Zeitenwende enthält die Chance zu einem neuen Gesellschaftsmodell, in der Menschen selbstbestimmt gemäß ihren Bedürfnissen leben und die Ergebnisse der Digitalisierung (wie Roboter, digitale Medizin, autonomes Fahren) für ihr Leben nutzen. Dazu ist es jedoch notwendig, die derzeit herrschende Leistungsgesellschaft und das mit ihr verbundene Kosten-Nutzen-Kalkül abzuschaffen und den „homo mercatorius" [der Mensch als Händler] zu überwinden.

Nach dem deutsch-koreanischen Kulturwissenschaftler Byung-Chul Han[5] erweist sich die Digitalisierung und damit die Quantifizierung unserer Lebensvollzüge als Machtmittel einer neoliberalen, kapitalistischen Gesellschaftsordnung. Jeder Klick, den Menschen tätigen, jeder Suchbegriff, den Menschen eingeben, wird gespeichert. Big Data macht unsere Wünsche lesbar und technisch erwartbar. Es ermöglicht ein Handeln, das tief in unsere Psyche eingreifen und so unseren Willen steuern kann. So kommt es, dass Menschen von sich aus das tun, was dem Kapital entspricht. Sie wähnen sich bei Konsum und Kommuni-

2 https://www.wired.com/1996/02/jobs-2/
3 Yuval Noah Harari, Homo Deus, München 2018; ders. 21 Lektionen für das 21. Jahrhundert, München 2018
4 Richard David Precht, Jäger, Hirten, Kritiker. Eine Utopie für die digitale Gesellschaft, München 2018
5 Byung-Chul Han, Psychopolitik, Frankfurt 2014

kation völlig frei und auch von anderen Zwängen befreit, tatsächlich unterliegen sie aber ständiger Überwachung, Kontrolle und Beeinflussung. Voraussetzung dafür ist, dass jeder mehr oder weniger freiwillig seine Daten und Information von sich selbst ins Netz stellt.

Auch der Philosoph Julian Nida-Rümelin und die Kulturwissenschaftlerin Nathalie Weidenfeld[6] deuten die fortschreitende Digitalisierung als einen technologischen Umbruch, der gewaltige Veränderungen mit sich bringt und viele Fragen aufwirft. Dieser Umbruch ist verbunden mit der Verheißung, dass damit die meisten Probleme der Menschen gelöst werden (die sog. Silikon Valley Ideologie s.o.). Dieser Erlösungshoffnung kann und will Nida-Rümelin trotz aller positiven Erwartungen an die Digitalisierung nicht teilen. Denn wie alle Technologien der Vergangenheit ist auch die digitale ambivalent. Es gilt zu unterscheiden, was nützt und wo Gefahren lauern. Gefragt sind die menschliche Gestaltungskraft und damit eigenständige und verantwortliche Urteile und Entscheidungen, die nicht durch eine KI ersetzt werden können. Hier liegt der entscheidende Differenzpunkt zu Harari.

Der evangelische Theologe und Kirchenpräsident Volker Jung[7] sieht in der Digitalisierung nicht so sehr eine Revolution, sondern einen längeren Transformationsprozess, in dem es zu grundlegenden Veränderungen kommt. Diese Veränderungen eröffnen großartige Möglichkeiten, können aber vom Menschen in verhängnisvoller Weise genutzt werden. Darin liegt die Begründung, weswegen hier von einer Ambivalenz zu sprechen ist. Diese Sicht entspricht einem theologischen Menschenbild, wonach der Mensch dazu berufen ist, die Welt mit Gott zu gestalten, aber zugleich auch verführbar ist. Entscheidend ist, wie das menschliche Leben verstanden wird und was Menschen praktisch nützt, was dem Menschen guttut und dem Leben dient. Die technologische Entwicklung führt immer zu Fragen, die der klärenden Auseinandersetzung und der verantwortlichen Entscheidung bedürfen. Es ist Aufgabe der Kirche, diese Fragen einzubringen.

Die in Wien lehrende Professorin für Wirtschaftsinformatik, Sarah Spiekermann[8], sieht in der Digitalisierung ebenfalls einen „Umbruch“ und „einen Wendepunkt der Fortschrittsgeschichte“. Sie ist jedoch davon überzeugt, dass derzeit „noch“ die Möglichkeit besteht, Maßnahmen zu ergreifen, um negative Werte zu vermeiden, positive Werte zu fördern und so einen „menschengerechten Fortschritt“ zu ermöglichen. Dabei geht sie davon aus, dass digitale Welten durch positive Wertqualitäten wie Effizienz, Präzision, Leistung und Zeitersparnis gekennzeichnet sind, aber auch negative Wertqualitäten wie Fehleranfälligkeit, Macht und Kontrolle, Verlust von Freiheit und Kontrolle über die eigene Zeit haben. Angesichts dieser Situation gilt es, digitale Technik so zu nutzen, dass Menschenwürde erfahren, Liebe und Freundschaft sowie Gemeinschaft gefördert werden, dass Freiräume entstehen und insgesamt das Leben bereichert wird.
Entscheidend in ihrer Argumentation ist die Gewissheit, dass der Mensch nicht bloß Denken ist, das gar noch auf einen Computer hochgeladen werden kann. Der Mensch ist auch kein „privater Nutzenmaximierer“ (homo oeconomicus), der ausschließlich auf seinen eigenen Vorteil achtet. Vielmehr sind die meisten Menschen nicht egoistisch, sondern suchen die Beziehung zu anderen, haben einen Hang zum Guten und Schönen und begegnen ihren Mitmenschen in der Regel vertrauensvoll sowie mit einem Sinn für Fairness.

Der gerade 100 Jahre alt gewordene britische Naturwissenschaftler James Lovelock[9] sieht in der Entwicklung selbstlernender KI das Ende des Anthropozäns und den Beginn des Novozäns. Dieses bedeutet eine neue Stufe der Evolution, eine ziemlich radikale Umwandlung und eine neue geologische Epoche. Sie ist bestimmt durch eine elektronische Form des Lebens, nämlich dem Cyborg. Diese werden zwar anfänglich von Menschen erschaffen, doch sie werden sich selbst weiterentwickeln und den Menschen als das intelligenteste Wesen der Erde „millionenfach“ übertreffen. Zunächst werden Menschen und Cyborgs miteinander auf der Erde leben, doch letztlich werden die Menschen aussterben. Was als Bedrohung des Menschen erscheinen mag, erweist sich aus der Perspektive des sich selbstregulierenden Systems Erde – von Lovelock „Gaia“ genannt – als einzige Chance, die globale Erderwärmung zu bekämpfen und in den Griff zu bekommen. Sonst droht auf der Erde das Ende allen Lebens. Da Menschen und Cyborgs daran Interesse haben Gaia zu erhalten, werden sie in Frieden zusammenleben.

Der Leiter der technischen Entwicklung von Google, Ray Kurzweil[10], sieht die Geschichte der Welt als eine Geschichte der Evolution von Mustern. Er unterscheidet sechs Epochen der Evolution, die sich durch die verwen-

6 Julian Nida-Rümelin/Nathalie Weidenfeld, Digitaler Humanismus, München 2018
7 Volker Jung, Digital Mensch bleiben, München 2018
8 Sarah Spiekermann, Digitale Ethik. Ein Wertesystem für das 21. Jahrhundert, München 2019
9 James Lovelock, Novozän. Das kommende Zeitalter der Hyperintelligenz, München 2020
10 Ray Kurzweil, Menschheit 2.0, Berlin 2014

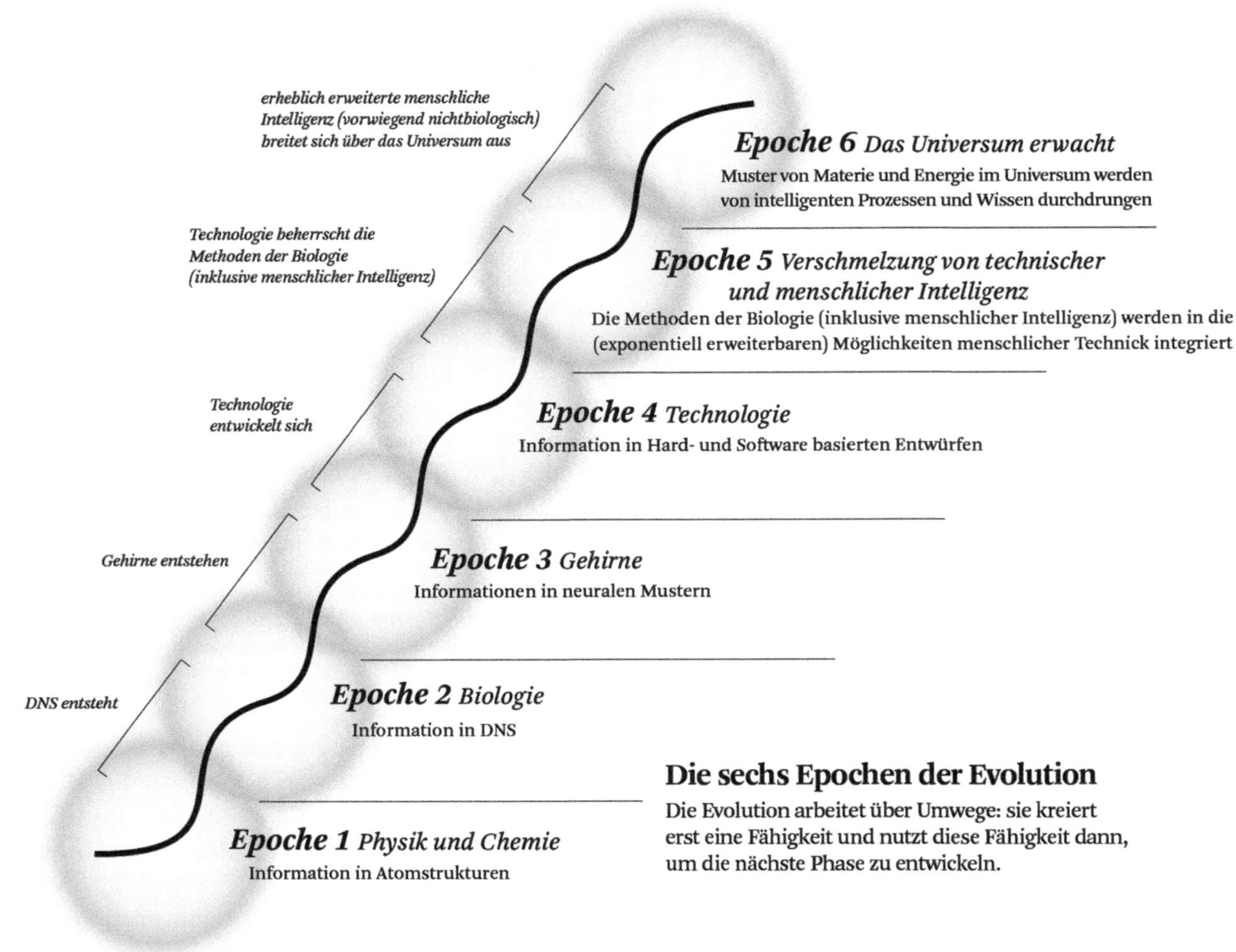

Ray Kurzweil, Menschheit 2.0, Berlin 2014. © Lola Books

deten Methoden der Informationsverarbeitung unterscheiden lassen:
Nach Kurzweil befinden wir uns derzeit noch in Epoche 4. Diese kennzeichnet die Entwicklung „menschengemachter Technik“. Zu dieser Epoche gehören die industrielle Revolution, Telefon, Radio und Computer. Diese Technik erlaubt es, aufgrund ausgefeilter Rechen- und Kommunikationsleistungen, Informationsmuster wahrzunehmen, zu speichern und auszuwerten. Hier geht die biologische Evolution in Menschenhand über. „In einigen Jahrzehnten“ wird, so Kurzweil 2005, die 5. Epoche einsetzen. Sie ergibt sich aus der Verschmelzung des umfangreichen Wissens in den Köpfen der Menschen mit der überragenden Kapazität, Geschwindigkeit und Vernetzung der Technik. Kurzweil bezeichnet dieses Ereignis als „Singularität“. Es entsteht eine Mensch-Maschinen-Zivilisation, die die Beschränkungen des menschlichen Gehirns überwindet. Viele Probleme, insbesondere Krankheit und Altern, werden gelöst und die menschliche Schaffenskraft wird ins Unendliche gesteigert. Menschen oder ihre Organe werden geklont, Babys werden designt. Die wichtigsten Techniken sind Genetik, Nanotechnik und Robotik. In der 6. Epoche ist alles von einer Superintelligenz durchdrungen und bestimmt. Dies wird sich dann auch im Rest des Universums ausbreiten.

Theologische Reflexion

Die verschiedenen Deutungen fordern den christlichen Glauben heraus, sich der eigenen Sicht der Welt und ihrer Zukunft zu vergewissern und diese in die gemeinsame Gestaltung der Welt und des Lebens einzubringen. Wie sind Welt und Geschichte, aber auch Technik aus christlicher Sicht zu verstehen?

Bausteine für den Unterricht

Kompetenzziel: S*S können den Begriff „Digitalisierung“ erklären, Deutungen der Digitalisierung beschreiben, Grundfragen unter Einbezug theologischer Impulse erörtern sowie einen begründeten Standpunkt einnehmen.
Zeitaufwand: 7–11 Stunden

Materialien und Arbeitsblätter:
M 1 Anforderungssituation: Computertechnologie und die Zukunft
M 2 ABC der Digitalisierung
M 3 Grafik: Die Entwicklung der Industrie
M 4 Ray Kurzweil: Die Singularität kommt
M 5 Yuval Noah Harari: Ein Blick in das 21. Jahrhundert
M 6 Richard David Precht: Die Maschinen arbeiten – die Arbeiter singen
M 7 Sarah Spiekermann: Es geht um einen menschengerechten Fortschritt
M 8 Impulse zum Theologisieren

Baustein 1: Anforderungssituation: Computertechnologie und die Zukunft

Zeitaufwand: 1 Stunde

a) L stellt die Anforderungssituation **M 1** vor. S*S bewerten diese in Partnerarbeit.
b) Gemeinsame Auswertung und Formulieren von Fragen.

Baustein 2: Der Begriff der Digitalisierung

Zeitaufwand: 1 Stunde

a) S*S entwickeln in Ich-Du-Wir (Think-Pair-Share) anhand von **M 2** ein ABC der Digitalisierung, indem sie den Buchstaben des Alphabets ein Stichwort aus dem Bereich der Digitalisierung zuordnen.
b) S*S definieren in Partnerarbeit den Begriff „Digitalisierung“: „Unter Digitalisierung verstehen wir …“. Anschließend Austausch der Sichtweisen.
c) S*S beurteilen die Digitalisierung. Digitalisierung: Segen oder Fluch? Anschließend Formulierung offener Fragen.

Baustein 3: Die Entwicklung der Technologie

Zeitaufwand: 1–2 Stunden

a) S*S interpretieren die Grafik **M 3**.
b) S*S ergänzen diese Darstellung, indem sie die Entstehung von Telefon, Radio, (Farb-)Fernseher, Computer, Industrieroboter, Internet und Apps wie Spotify oder TikTok recherchieren und einen Zeitstrahl anlegen. Sie formulieren ihre Entdeckungen und formulieren, wie es weitergehen könnte.
c) L gibt einen Überblick über den Stand der Digitalisierung mit Hilfe eines kurzen Videos:
  - Blick.ch / Einfach erklärt: Digitalisierung
    https://www.youtube.com/watch?v=SyE1j0e73LQ (1.18 min; 14.03.2024)
  - Gemeinsam wird die Entwicklung bewertet und die Bewertung begründet.

Alternativ:

a) L zeigt das Gespräch von Richard David Precht und Jürgen Schmidhuber:
  - ZDF Mediathek: Künstliche Intelligenz – Herrschaft der Maschinen?
    https://www.zdf.de/gesellschaft/precht/precht-206.html (38.22 min; 14.03.2024 – Video ist bis 27.10.2024 in der Mediathek verfügbar)
  - evtl. nur Ausschnitte, z.B. bis 4.40 min. S*S machen sich Notizen.

b) S*S arbeiten in Partnerarbeit heraus, wie Schmidhuber die weitere Entwicklung sieht und wie Precht diese Sicht beurteilt. Sie erstellen jeweils ein Plakat.
c) Erörterung der Positionen und Formulierung offener Fragen.

Baustein 4: Deutungen der Digitalisierung

Zeitaufwand: 2–4 Stunden

a) S*S recherchieren die Begriffe Utopie und Dystopie und ordnen Beispiele zu.
b) L stellt mit Kurzweil, Precht, Harari und Spiekermann vier Autor*innen vor, die derzeit in der Diskussion der Digitalisierung mit Büchern hervorgetreten sind. Sie entscheiden sich für einen der Autor*innen und nehmen mit ihm/ihr mit Hilfe eines Videos „Kontakt“ auf. In Kleingruppen besprechen sie ihre Wahrnehmungen und Fragen.

Autor*in	**Link**	**Zeit**
Harari	SRF Kultur: Was wird aus der Menschheit? https://www.youtube.com/watch?v=5fHKK_YFUrw	56.25 min (14.03.2024)
Precht	SWR 1 Leute: Richard David Precht https://www.youtube.com/watch?v=vZ4GuP_9PfI	33.56 min (14.03.2024)
Kurzweil	ted.com: Eine Universität für die kommende Singularität https://www.ted.com/talks/ray_kurzweil_a_university_for_the_coming_singularity?language=de	8.28 min (14.03.2024)
Spiekermann	faz: Digitale Ethik: Müssen wir vor KI wirklich Angst haben? https://www.youtube.com/watch?v=npcuik-bdoo	5.14 min (14.03.2024)

c) S*S erarbeiten arbeitsteilig anhand von Texten die Deutung der Digitalisierung durch „ihre/n Autor*in“ (**M 4** Kurzweil, **M 5** Harari, **M 6** Precht, **M 7** Spiekermann) und entwerfen dazu ein Textplakat.
d) S*S stellen ihre Plakate vor und erörtern, welche Sichtweise eine Utopie oder ein Dystopie ist und welche ihnen am ehesten entspricht. Dabei formulieren sie offene Fragen.

Baustein 5: Theologisieren

Zeitaufwand: 1–2 Stunden

a) S*S erhalten im Stuhlkreis grundlegende Fragen auf Textkarten und werden kurz erläutert. Fragen könnten sein:
   - Wie sehen wir die Zukunft?
   - Wie sehen wir die Geschichte der Menschheit?
   - Wie wollen wir leben?
   - …

   Die S*S wählen diejenigen aus, die sie erörtern wollen. Die Fragen werden erst individuell beantwortet, in Tandems verglichen und im Rundgespräch erörtert (Think-Pair-Share). Bei Bedarf können die Impulse **M 8** mündlich, digital oder als Text eingebracht werden.

   Hierzu gibt es passende Karten (pdf) und PPT-Präsentationen im Downloadbereich

Baustein 6: Evaluation

Zeitaufwand: 1 Stunde

a) S*S formulieren ihr persönliches Lernergebnis mit Hilfe eines Meme.
   Alternativ:
   Feedback-Zielscheibe o.a. Methoden.

M 1 Computertechnologie und die Zukunft

Seit der Anfangszeit der Computertechnologie kann man feststellen, dass die Leistungsfähigkeit der Microchips steigt und die Größe der Chips abnimmt. Gordon Moore (geb. 1929), der Mitbegründer von Intel, einer bis heute wichtigen Firma für Computerchips, formulierte 1965 eine Prognose, die als „Mooresches Gesetz" bekannt ist: Alle zwei Jahre verdoppelt sich die Leistungsfähigkeit eines Chips. Damit wies er auf das exponentielle Wachstum der Computertechnologie in der Hardware und der Datenverarbeitung hin. Auch wenn diese Entwicklung physikalische Grenzen hat und sich heutige Anwendungen immer mehr auf viele spezialisierte Chips (und nicht nur auf wenige) verteilen, so geht das Wachstum in der Verarbeitung von Daten sprunghaft weiter. Manche Personen denken diese technische Entwicklung immer weiter und sehen, dass in der Zukunft ein Punkt entstehen könnte, an dem die Technologie den normalen Menschen in vielen Dingen völlig überflüssig machen wird.

Mooresches Gesetz (1965–2005) – Chip-Pagode im HNF. Foto: Karin Klem

Aufgaben:

1. Beziehen Sie das Bild auf den Text.
2. Bewerten Sie die im letzten Satz formulierte Aussicht.

M 2 ABC der Digitalisierung

Unter Digitalisierung verstehen wir ____

____

A ____________________
B ____________________
C ____________________
D ____________________
E ____________________
F ____________________
G ____________________
H ____________________
I ____________________
J ____________________
K ____________________
L ____________________
M ____________________
N ____________________
O ____________________
P ____________________
Q ____________________
R ____________________
S ____________________
T ____________________
U ____________________
V ____________________
W ____________________
X ____________________
Y ____________________
Z ____________________

Aufgaben:
1. Ordnen Sie jedem Buchstaben ein Stichwort aus dem Bereich der Digitalisierung zu.
2. Definieren Sie in Partnerarbeit den Begriff Digitalisierung und tauschen Sie anschließend Ihre Sichtweisen aus.

M 3 Die Entwicklung der Industrie

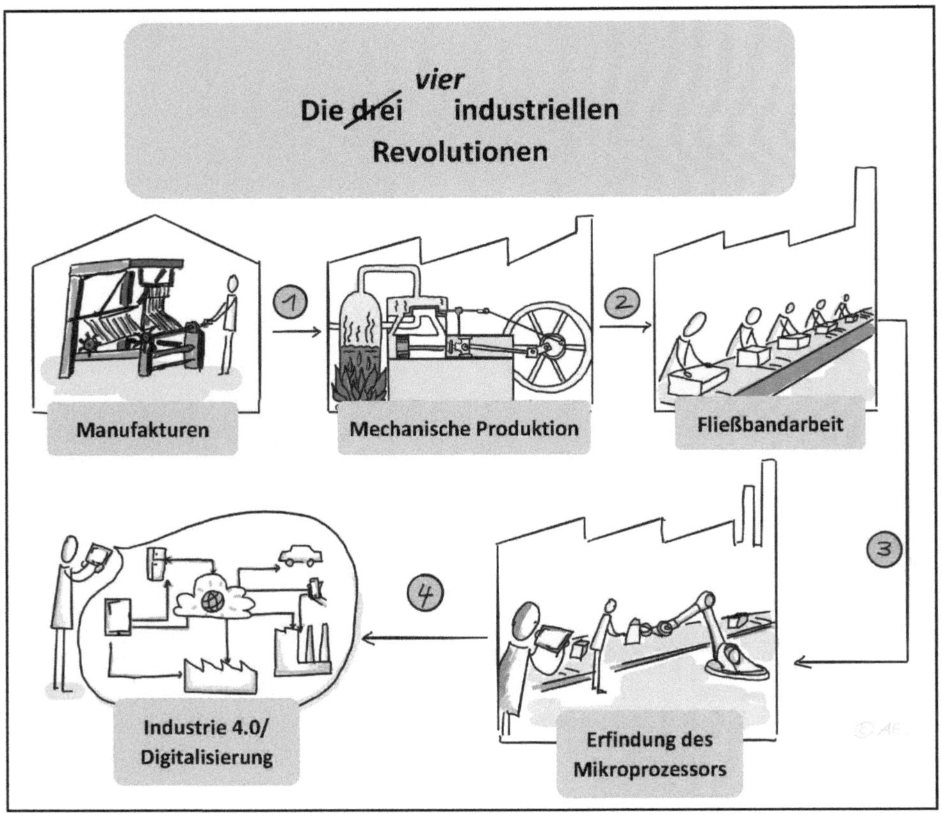

Aufgabe:
Beschreiben Sie den Weg hin zur vierten industriellen Revolution.

M 4 Ray Kurzweil: Die Singularität kommt

In diesem Buch will ich [...] zeigen, dass innerhalb weniger Jahrzehnte die Informationstechnik alles menschliche Wissen und Können erfasst, und letztendlich die Mustererkennungs- und Problemlösungsfähigkeiten sowie die emotionale und moralische Intelligenz des menschlichen Gehirns selbst erlangt haben wird.
Dem Gehirn, obschon in vielerlei Hinsicht beeindruckend, sind klare Grenzen gesetzt. Wir nutzen seine enorme Parallelität (einhundert Milliarden neuronale Verbindungen, die gleichzeitig arbeiten), um filigrane Muster schnell zu erkennen. Dennoch denken wir extrem langsam: Die elementaren neuronalen Operationen sind mehrere Millionen Mal langsamer als aktuelle elektrische Schaltkreise. Damit ist unsere physiologische Bandbreite zur Verarbeitung neuer Informationen äußerst beschränkt, zumindest angesichts des exponentiellen Wachstums des gesamten menschlichen Wissens.
Ebenso ist auch unser biologischer Körper in seiner derzeitigen Version gebrechlich und fehleranfällig, ganz zu schweigen von den mühsamen Instandhaltungsroutinen, die er erfordert. Und obwohl sich die menschliche Intelligenz gelegentlich zu kreativen Höhenflügen aufschwingt, so ist doch das meiste menschliche Denken wenig originell, sondern belanglos und begrenzt.
Mit der Singularität werden wir die Grenzen unserer biologischen Körper und Gehirne überschreiten. Wir werden die Gewalt über unser Schicksal erlangen. Unsere Sterblichkeit wird in unseren Händen liegen. Wir werden so lange leben können wie wir wollen (was nicht unbedingt heißt, dass wir ewig leben werden). Wir werden das menschliche Denken vollständig verstehen, erweitern und an neue Ufer führen. Bis zum Ende des Jahrhunderts wird die nichtbiologische Komponente unserer Intelligenz Trillionen Mal mächtiger sein als bloße menschliche Intelligenz.
Wir befinden uns in der frühen Übergangsphase. Der Paradigmenwechsel (die Geschwindigkeit, in der wir grundlegende technische Herangehensweisen verändern) und der exponentielle Kapazitätszuwachs der Informationstechnik erreichen allmählich den „Knick der Kurve“, das heißt, der Exponentialtrend beginnt sich abzuzeichnen. Kurz nach diesem Stadium kommt es zur Explosion. Noch vor der Mitte des Jahrhunderts wird sich unsere, vom Menschen selbst nicht mehr unterscheidbare Technik so rasant weiterentwickeln, dass die Wachstumskurve praktisch senkrecht ansteigt. Die – rein mathematisch zwar immer noch endliche – Wachstumsrate wird so extrem ansteigen, dass die Menschheitsgeschichte aus allen Fugen bricht. So wird es zumindest der nicht „unterstützten“, biologischen Menschheit erscheinen.
In der Singularität werden unser biologisches Denken und Dasein mit unserer Technik verschmelzen. Das Ergebnis ist eine nach wie vor menschliche Welt, allerdings jenseits unserer biologischen Wurzeln. Danach wird kein Unterschied mehr sein zwischen Mensch und Maschine, oder zwischen physikalischer und virtueller Realität. Falls Sie sich fragen, was dann überhaupt noch einen Menschen ausmacht – nun, es ist einfach folgende Qualität: Unsere Spezies strebt von Natur aus danach, ihre physischen und geistigen Fähigkeiten über alle gegebenen Grenzen hinweg zu erweitern.
Die meisten Kommentare zu diesen Veränderungen beziehen sich auf den vermeintlichen Verlust wesentlicher Aspekte unserer Menschlichkeit. Diese Sichtweise beruht jedoch auf einer falschen Vorstellung von der Zukunft der Technik. Noch keine der bisherigen Maschinen besaß dieselben raffinierten Fähigkeiten, die der biologische Mensch an den Tag legt. Die Singularität hat vielerlei Konsequenzen, doch die wichtigste ist, dass unsere Technik die Feinheit und Eleganz der höchsten menschlichen Fähigkeiten erreichen und schließlich in den Schatten stellen wird.

Ray Kurzweil, Menschheit 2.0. Die Singularität naht. © 2014 Lola Books, Berlin

Aufgaben:

1. Markieren Sie am Rand des Textes mit + (gefällt mir), mit – (gefällt mir nicht) und mit ? (verstehe ich nicht).
2. Erklären Sie, was Kurzweil unter Singularität versteht.
3. Benennen Sie offene Fragen.

M 5 Yuval Noah Harari: Ein Blick in das 21. Jahrhundert

[...] Wie schon gezeigt, könnte das Vordringen künstlicher Intelligenz den ökonomischen Wert und die politische Macht der meisten Menschen zunichtemachen. Gleichzeitig könnte es Verbesserungen im Bereich der Biotechnologie ermöglichen, ökonomische Ungleichheit in biologische Ungleichheit zu übersetzen. Die Superreichen werden schließlich mit ihrem gewaltigen Reichtum irgendetwas Sinnvolles anstellen müssen. Während sie bislang kaum mehr als Statussymbole kaufen konnten, könnten sie schon bald in der Lage sein, sich das Leben selbst zu kaufen. Wenn sich neue Behandlungen zur Lebensverlängerung und zur Verbesserung körperlicher und kognitiver Fähigkeiten als kostspielige Angelegenheit erweisen sollten, könnte sich die Menschheit in biologische Kasten aufspalten. [...]

Die beiden Prozesse – Biotechnologie gekoppelt mit dem Aufstieg künstlicher Intelligenz – könnten deshalb im Zusammenspiel dazu führen, dass sich die Menschheit in eine kleine Klasse von Übermenschen und eine riesige Unterschicht nutzloser Homo sapiens aufspaltet. Diese ohnehin bereits düstere Lage könnte sich noch weiter verschlimmern, denn wenn die Massen ihre ökonomische Bedeutung und ihre politische Macht verlieren, dann könnte der Staat zumindest teilweise den Anreiz verlieren, in ihre Gesundheit, Bildung und Wohlfahrt zu investieren. Es ist höchst gefährlich, überflüssig zu sein. Die Zukunft der Massen wird somit vom guten Willen einer kleinen Elite abhängen. Vielleicht besteht dieser gute Wille ein paar Jahrzehnte lang. Doch im Falle einer Krise – etwa einer Klimakatastrophe – wäre es ziemlich verführerisch und nicht besonders schwer, die überflüssigen Menschen einfach über Bord zu werfen.

[...] Es könnte also so sein, dass die Globalisierung nicht zu globaler Einheit, sondern tatsächlich zu einer „Speziation" führt: zu einer Aufteilung der Menschheit in verschiedene biologische Kasten oder sogar unterschiedliche Arten. Die Globalisierung wird die Welt horizontal einen, indem sie nationalstaatliche Grenzen auflöst, gleichzeitig wird sie aber die Menschheit vertikal spalten. Die herrschenden Oligarchien in so unterschiedlichen Ländern wie den USA und Russland könnten verschmelzen und gemeinsame Sache gegen die Masse der gewöhnlichen Sapiens machen. So gesehen ist das gegenwärtige populistische Ressentiment gegen „die Eliten" durchaus begründet. Wenn wir nicht aufpassen, könnten die Enkel von Unternehmern aus dem Silicon Valley oder von Moskauer Milliardären zu einer eigenen Spezies werden, die den Enkeln der Hillbillies aus den Appalachen und sibirischer Dorfbewohner weit überlegen ist.

Langfristig gesehen könnte ein solches Szenario die Welt sogar „entglobalisieren", wenn sich die obere Kaste in einer selbst ernannten „Zivilisation" zusammenschließt und Mauern und Gräben baut, um sich gegen die Horden der „Barbaren" draußen abzuschotten. Im 20. Jahrhundert brauchte die industrielle Zivilisation die „Barbaren" als billige Arbeitskräfte, Rohstofflieferanten und Märkte. Deshalb wurden sie erobert und absorbiert. Im 21. Jahrhundert jedoch könnte eine postindustrielle Zivilisation, die auf künstlicher Intelligenz, Bioengineering und Nanotechnologie beruht, weitaus eigenständiger und autarker sein. Nicht nur ganze Klassen, sondern ganze Länder und Kontinente könnten bedeutungslos werden. Von Drohnen und Robotern bewachte Festungen könnten die selbst ernannte zivilisierte Zone, wo sich Cyborgs mit Logikbomben bekämpfen, von den Barbarengebieten trennen, wo sich verrohte Menschen gegenseitig mit Macheten und Kalaschnikows abschlachten. [...]

Wenn wir verhindern wollen, dass sich aller Reichtum und alle Macht in den Händen einer kleinen Elite konzentrieren, müssen wir den Besitz von Daten regeln.

Aufgaben:

1. Markieren Sie am Rand des Textes mit + (gefällt mir), mit – (gefällt mir nicht) und mit ? (verstehe ich nicht).
2. Erklären Sie, was Harari unter biologischen Kasten versteht.
3. Benennen Sie offene Fragen.

M 6 Richard David Precht: Die Maschinen arbeiten – die Arbeiter singen

Wir müssen lernen, die Möglichkeiten digitaler Technologie nicht nur aus dem Blickwinkel des wirtschaftlichen Wettbewerbs zu sehen, sondern als Chance zu einem guten Gesellschaftsmodell. Schon jetzt sprießen allenthalben neue Lebensformen aus dem gut gedüngten Boden der alten Mittelschicht. Digital Natives, die ihr Auto teilen und ihren Dachgarten als Urban Farmer bewirtschaften. Folklore für Wohlhabende – oder die gesellschaftliche Zukunft? Die Frage entscheidet sich politisch. Denn der Umbau zum Guten wird nicht von allein geschehen. Keine ökonomische Logik produziert aus sich heraus ein menschenwürdiges Leben. Die Demokratisierung von Lebenschancen ist eine politische Aufgabe. Geschieht nichts, könnten auch jene Szenarien Wirklichkeit werden, die nur noch Datenmonopolisten und ausgebeutete Auktionäre der eigenen Arbeitskraft kennen, dazu ein Heer abgespeister Abgehängter.

Oscar Wilde [...] verfasst [...] 1891 eine bemerkenswerte Schrift: „Der Sozialismus und die Seele des Menschen". Seine Pointe ist [...]: Erst wenn der Mensch sich von den niederen Lohnarbeiten befreit, wird er seinen Individualismus verwirklichen können: „Jede rein mechanische, jede eintönige und dumpfe Arbeit, jede Arbeit, die mit widerlichen Dingen zu tun hat und den Menschen in abstoßende Situationen zwingt, muss von der Maschine getan werden." Noch weit vor den ersten Silberstreifen künstlicher Intelligenz am Horizont verlangt Wilde mit Blick auf die Zukunft: *„Jetzt verdrängt die Maschine den Menschen. Unter richtigen Zuständen wird sie ihm dienen.* Es ist durchaus kein Zweifel, dass das die Zukunft der Maschine ist, und ebenso wie die Bäume wachsen, während der Landwirt schläft, so wird die Maschine, während die Menschheit sich der Freude oder edlen Muße hingibt – Muße, nicht Arbeit, ist das Ziel des Menschen – oder schöne Dinge schafft oder schöne Dinge liest oder einfach die Welt mit bewundernden und genießenden Blicken umfängt, alle notwendige und unangenehme Arbeit verrichten." Die Maschinen arbeiten – die Arbeiter singen! [...]

Um was für eine Utopie geht es? Man kann das große Versprechen der Digitalisierung sehr unterschiedlich verstehen. Die eine Verheißung ist, wenige Menschen unermesslich reich zu machen – ein Reichtum, mit dem ihnen augenscheinlich nichts Sinnvolles zu tun einfällt, außer vielleicht von Freiheitsmaschinen und anderen Weltverbesserungsinstrumenten zu träumen. Ihre Stiftungen (Bill Gates dürfte eine von wenigen Ausnahmen sein) täuschen dabei oft eine Gemeinnützigkeit vor, die ihre Absichten nur unzureichend verbrämt. Die andere Verheißung ist, möglichst vielen Menschen die Chance auf ein erfülltes, selbstbestimmtes Leben zu geben.

Aufgaben:

1. Markieren Sie am Rand des Textes mit + (gefällt mir), mit – (gefällt mir nicht) und mit ? (verstehe ich nicht).
2. Erklären Sie, welche Versprechen die Digitalisierung laut Precht hat.
3. Benennen Sie offene Fragen.

M 7 Sarah Spiekermann: Es geht um einen menschengerechten Fortschritt

In diesem Buch beschreibe ich die individuellen, ökonomischen und technischen Bedingungen für einen menschengerechten Fortschritt im digitalen Zeitalter. Es enthält eine Vision davon, wie wir die Kräfte der Digitalisierung nutzen könnten, um uns zu stärken, statt zu schwächen. Allerdings erfordert diese positive Zukunft, dass wir alle in unseren unterschiedlichen Rollen als Privatpersonen, Manager, Investoren, Unternehmer oder Politiker umdenken. „Don't be evil" reicht nicht. „Be good" ist das Schlagwort. Und damit enthält dieses Buch eine andere Zukunftsvision als die, die uns als Verpackungsbeilage aus dem Silicon Valley rübergeschoben oder von kapitalmarktgesteuerten Investoren heute betrieben wird.

Dieses Buch heißt „Digitale Ethik", weil es *nicht* darum geht, Unternehmen zu erklären, wie sie mit ein paar ethischen Feigenblättern noch mehr Geld mit der Digitalisierung machen können oder wie sie mit dem Abhaken einiger Wertprinzipien der Ethik Genüge tun. Vielmehr will ich zeigen, wie wir auf allen Ebenen der Gesellschaft besser und weiser mit dem Digitalen umgehen sollten, um in eine wert*vollere* Zukunft einzutreten. Meine Zielfunktion ist also nicht das Geld. Meine Zielfunktion ist ein gutes Leben, die Eudaimonia, bei der das Geld nur eine Randbedingung ist.

Wenn ich sage, dass es mir hier um menschengerechten, wertvollen Fortschritt geht, dann werden mir viele Startupper und Silicon-Valley-Visionäre entgegenhalten, dass sie doch alle nun schon seit Jahren mit der Digitalisierung das Leben zu verbessern suchen. Ich verstehe, dass viele ehrliche und gute Absichten haben. Aber gute Absichten reichen leider manchmal nicht aus. Man muss auch das Richtige wollen können. Man braucht einen nüchternen Verstand in der Abschätzung dessen, was das Digitale kann und was nicht – wo es guttut und wo es schädlich ist. Man muss in der Lage sein, theoretisches Wissen mit emotionaler Intelligenz zu verbinden, um eine auch gefühlt angenehme Zukunft zu erschaffen. Ob die Digitalisierung mit all ihrem exorbitanten Energie- und Ressourcenverbrauch dem Menschen und der Natur letztlich dient, ist offen. Die Beantwortung dieser ethischen Frage würde den Rahmen dieses Buches sprengen. Vielmehr betrachte ich die Digitalisierung als Realität, die heute und in Zukunft unser Leben bestimmen wird, ob wir das wollen oder nicht – und möchte, dass wir weise mit ihr umgehen. Diese Weisheit aber erfordert in erster Linie ein positives Menschenbild. Das Menschenbild, auf das dieses Buch fundamental aufbaut, hat Goethe einmal so beschrieben: „Wenn wir Menschen behandeln, wie sie (scheinbar) sind, so machen wir sie schlechter; wenn wir sie so behandeln, wie sie sein sollten (wenn wir das Gute in ihnen bejahen), so machen wir sie zu dem, was sie werden können."

Sarah Spiekermann, Digitale Ethik. Ein Wertesystem für das 21. Jahrhundert, © Droemer Verlag, München 2019, S. 9–10

Aufgaben:

1. Markieren Sie am Rand des Textes mit + (gefällt mir), mit – (gefällt mir nicht) und mit ? (verstehe ich nicht).
2. Erklären Sie, warum Spiekermann ihr Buch „Digitale Ethik" nennt.
3. Benennen Sie offene Fragen.

M 8 Impulse zum Theologisieren

M 8a Wie sehen wir die Zukunft?

Digitalisierung bedeutet einen epochalen Wandel, der alle Lebensbereiche grundlegend verändert. Was damit auf Menschen und ganze Gesellschaften zukommt, wird intensiv diskutiert. Die einen sehen darin die Chance, dass alte Träume von einem guten Leben wahr werden können. Andere rechnen mit sozialen Verwerfungen. Wieder andere rechnen mit dem Ende des Menschen wie wir ihn heute kennen. Diese stellt die Frage, wie wir selber die Zukunft sehen.

1 Die Eigenart von Zukunft
Grundsätzlich kann man unterscheiden zwischen dem, was sich voraussehen und vorausplanen lässt und dem, was nicht vorhersagbar ist. Zur Eigenart der Zukunft gehört, dass sie nicht vollständig kontrollierbar ist. Zukunft kommt auf Menschen zu. Alle Aussagen über die Zukunft sind in der Gegenwart nicht überprüfbar. Sie operieren alle mit Bildern, sei es der Hoffnung oder der Angst.

2 Zukunftsbewältigung und Grundüberzeugungen
Bei dem Blick in die Zukunft spielt eine wichtige Rolle, wovon Menschen überzeugt sind, worauf sie sich verlassen und worauf sie setzen. Wer davon überzeugt ist, dass Menschen durch und durch Vernunftwesen sind, der geht davon aus, dass die Zukunft durch vernünftiges Handeln human gestaltet werden kann. Wer den technologischen Fortschritt bewundert, ist davon überzeugt, dass dieser für alle Probleme eines Tages eine Lösung findet. Wer davon überzeugt ist, dass alles und jedes von der Evolution bestimmt ist, rechnet mit überraschenden Veränderungen, die das Leben irgendwie weiterbringen. Wer annimmt, dass alle Menschen nur ihren Vorteil suchen, wird möglicherweise mit einer Selbstzerstörung der Menschheit rechnen. Wer davon ausgeht, dass es zur Bestimmung der Menschen gehört, Grenzen zu überwinden, wird die Entwicklung zu Mensch-Maschinen-Wesen begrüßen. Wer davon ausgeht, dass Maschinen uns eines Tages beherrschen, wird dagegen ankämpfen oder sich ausgeliefert fühlen.

3 Der christliche Glaube und die Zukunft
Der christliche Glaube sieht in der Welt die Schöpfung Gottes. Gott hat gewollt, dass es diese Welt gibt. Sie ist kein bloßer Zufall. Gott erhält diese Welt und eröffnet in ihr immer wieder neue Möglichkeiten. Gott bringt diese Welt irgendwann zu einem guten Ende.
Die Welt befindet sich in einem dynamischen Prozess. Denn Gott ist noch unterwegs, bis die Welt so ist, wie Gott sie will. In diesem Prozess braucht Gott Menschen, die im Vertrauen auf sein Handeln dafür Sorge tragen, dass diese Welt bleibt und alle Chancen, die sich für mehr Gerechtigkeit, Frieden und mehr Barmherzigkeit öffnen, genutzt werden. Dabei darf man wissen, dass Menschen oft nur an sich selber denken und dann Dinge tun, die ihnen selbst und dem Leben schaden. Dabei darf man auch wissen, dass zum Leben immer Konflikte und Krisen, aber auch Leid und Tod gehören. Menschen sind und bleiben begrenzte, unvollkommene, endliche Geschöpfe. Doch Menschen dürfen wissen, dass die Welt in Gottes Hand liegt und Gott Menschen Kraft und Mut gibt, Chancen für gutes Leben zu sehen und zu ergreifen. Von daher besteht trotz Wandel und Umbruch Grund zur Zuversicht.

4 Glaube als Voraussetzung
Deutungen der Digitalisierung, die Angst machen, verdienen Zweifel und kritische Anfragen. Deutungen, die alles vom technologischen Fortschritt erwarten, verdienen ebenfalls Zweifel – und auch ein Lächeln. Menschen haben nie alles in der Hand. Wer auf die Vernunft setzt, d.h. auf die Fähigkeit, Dinge zu durchdenken, Zusammenhänge zu erkennen, zu beurteilen und letztendlich danach zu handeln, sollte fragen, was Menschen vernünftig handeln lässt. Dafür braucht es bestimmte Voraussetzungen. Wer damit rechnet, dass Gott dabei ist, kann Veränderungen ins Gesicht sehen, Herausforderungen anpacken und das tun, was einem guten Leben dient.

M 8b Wie sehen wir die Geschichte der Menschheit?

Digitalisierung beschreibt die Geschichte der Menschheit als eine Abfolge von technologischen Revolutionen, die die Welt jedes Mal grundlegend verändern aber auch weiter bringen. Es ist der menschliche Erfindergeist, aber auch die Probleme und Herausforderungen, die die Geschichte vorantreiben. Die Geschichte der Menschheit erweist sich dabei als Fortschrittsgeschichte, in der Menschen immer besser, leichter und länger leben. Wohin diese Geschichte führt, wird meist offen gelassen. Etliche erwarten jedoch, dass diese Geschichte über den Homo sapiens hinaus und zu einem Mischwesen von Mensch und Maschine führt. Sie finden das gut. Kritiker beurteilen das als eine Katastrophe. Für sie bedroht dies das Überleben des selbstbestimmten Menschen wie wir ihn kennen. Die Frage ist: Wer hat Recht? Oder anders gefragt: Wie sehen wir die Geschichte der Menschheit?

1 Das Geschichtsbild in Comics
Ein klassisches Geschichtsbild findet sich in Comics wie Batman, Spiderman, Superman, aber auch in Westernfilmen. In der Welt kämpfen böse und gute Mächte gegeneinander. Oft sieht es so aus, als ob die Bösen die Übermacht gewinnen. Dann braucht es einen Retter, der in der Gefahr kommt, unter Einsatz seines Lebens die Bösen in einem dramatischen Kampf besiegt und ein angstfreies Leben verschafft. Dies hört aber nie ganz auf, weshalb es immer wieder das Eingreifen eines solchen Retters braucht. Dieses Geschichtsbild rechnet mit dem ewigen Kampf von Licht und Finsternis und weckt die Erwartung auf einen Helden, der die Probleme immer wieder löst.

2 Geschichtsbilder in Kinofilmen
In manchen Kinofilmen läuft die Geschichte der Menschheit auf eine Katastrophe zu, was viele gar nicht bemerken. Über sie bricht die Katastrophe herein. Es kommt zu Eiszeiten, zu Kriegen, zu Atomexplosionen, zu Überschwemmungen. Erst durch den tapferen Einsatz von Menschen wie wir, wird die Welt in letzter Minute gerettet. Dieses Geschichtsbild warnt vor Katastrophen, traut aber jedem zu, ein endgültiges Ende zu verhindern.

3 Geschichtsbild im letzten Buch der Bibel (Apokalypse)
Religiöse Sondergemeinschaften orientieren sich häufig am letzten Buch der Bibel. Danach sind die Gläubigen in der Gegenwart bedrängt, bedroht und angegriffen. Um sie herum herrschen ungläubige und böse Mächte. Sie hoffen deshalb auf das Ende dieser Welt und sehen die Vorzeichen dafür in Katastrophen aller Art – wie Unwetter, Vulkanausbrüche, Seuchen, Finanzcrash. Sie rechnen mit einer Zuspitzung, nämlich dem Kampf der Bösen gegen die Guten. Doch Christus greift ein und siegt. Danach kommt das tausendjährige Reich, in dem Frieden herrscht und die Guten das Sagen haben. Aber es kommt noch einmal zu einem allerletzten Kampf, in dem sich die bösen Mächte noch einmal erheben. Doch Christus und die Gläubigen siegen und es kommt zum Jüngsten Gericht. Die Bösen müssen vergehen, die Treuen bekommen das ewige Leben. Dieses Geschichtsbild macht Mut, dem Glauben an Gott treu zu bleiben, auch wenn es an das eigene Leben geht, und auf die Hilfe einer überlegenen Macht zu vertrauen.

4 Das Geschichtsbild von Ray Kurzweil
Die Geschichte der Menschheit kann auch in die Evolution eingezeichnet werden. Dann zeigt sich (so Ray Kurzweil), dass die unaufhaltsame Evolution in einem Prozess sich steigernder Informationsverarbeitung besteht. Während sich zunächst in der ersten Epoche nach dem Urknall alles auf der Ebene der Atome und Moleküle abspielt, kommt es in einer zweiten Epoche zur Entstehung des Lebens, in einer dritten Epoche zu Organismen mit Gehirnen, die Informationen speichern und verarbeiten können. Derzeit befindet sich die Menschheit in der vierten Epoche der technologischen Beherrschung der Natur, die in der Wahrnehmung und Speicherung und Verwendung von Informationen seinen Höhepunkt erfährt. Doch die fünfte Epoche mit der Entwicklung von Mensch-Maschinen-Systemen steht unmittelbar vor der Tür. Jetzt überschreitet der Mensch die Grenzen der biologischen Evolution. Alles läuft nun auf eine letzte, sechste Epoche hinaus, in der die Information alles ist und der technisch weiterentwickelte Mensch unsterblich sein wird. Alle Grenzen sind aufgehoben. Es herrscht das ewige Leben. Während Darwin in der Evolution einen offenen Zufalls- und Anpassungsprozess sehen wollte, steuert hier die Evolution Schritt für Schritt auf ein letztgültiges Ziel zu.

Dieses Geschichtsbild fordert dazu auf, ganz auf die Informationstechnologie (und die dazugehörigen Unternehmen) zu setzen, Grenzen bedenkenlos zu überschreiten und die Verschmelzung von Mensch und Maschine zu begrüßen.

5 Das Geschichtsbild von Jesus

Die Bibel entwirft ein eigenes Geschichtsbild, das sich auch im Glaubensbekenntnis zeigt. Danach ist die Welt von Gott geschaffen und gewollt. Sie ist prinzipiell sinnvoll. Doch sie ist nicht so wie sie eigentlich sein sollte. In ihr gibt es Gewalt, Ungerechtigkeit, Krieg, Neid und Misstrauen. Die Menschen leben nicht so wie es Gott will und sie es eigentlich könnten. Immer wieder hat Gott durch Menschen darauf hingewiesen und ihnen Wege zu einem Leben in Frieden, Gerechtigkeit und einer bewahrten Schöpfung gezeigt. Er hat sich in Jesus Christus selbst zu erkennen gegeben und in dessen Leben und Wirken gezeigt, wie die Welt werden soll und werden kann. Zuletzt sollen Menschen und Gott versöhnt in einer himmlischen Welt zusammenleben. Den Tod wird es nicht mehr geben. Wann das sein wird, ist offen. Das erfolgt nicht automatisch und Menschen schaffen es auch nicht, die Welt perfekt zu machen. Bis es jedoch so weit kommt, sollen sich die Menschen der Welt, so wie sie ist, stellen und immer wieder alle Möglichkeiten ergreifen, in dieser Welt Lebensräume zu schaffen, die der erhofften Zukunft entsprechen. So hat das Jesus vorgelebt und Menschen aufgefordert, es ihm nachzutun. Da Gott dabei ist, öffnen sich immer wieder Türen für ein friedlicheres, gerechteres und nachhaltigeres Leben. Diese Türen gilt es zu erkennen und durch sie hindurchzugehen.
Dieses Geschichtsbild motiviert, sich vertrauensvoll und zuversichtlich auf diese Welt einzulassen und an friedlichen, gerechten und nachhaltigen Lebensverhältnissen zu arbeiten.

6 Plädoyer für Nüchternheit

Der christliche Glaube plädiert für eine gewisse Nüchternheit, einen klaren, auch technischen Blick sowie die Aufmerksamkeit für die Chancen, gemeinsam eine menschliche Welt gestalten zu können. Das schließt Mitarbeit am technologischen Fortschritt ein, ohne Katastrophen ausmalen zu müssen oder sich einer zwangsläufigen Entwicklung einschüchtern zu lassen.

M 8c Wie wollen wir leben?

Die Digitalisierung verändert unser Leben. Auch wenn man gar nicht so genau wissen kann, welche Veränderungen wann und wie eintreten werden, so ist es doch wichtig, sich Gedanken zu machen, wohin die Entwicklung gehen soll. Alle sollten sich deshalb der Frage stellen: Wie wollen wir leben? Wie wollen wir mit und in der Digitalisierung leben?

1 Das Evangelium des Silicon Valleys

Ingenieur*innen im Silicon Valley empfehlen, sich ganz dem technologischen Fortschritt anzuvertrauen. Dieser befreit von den Mühen und Beschränkungen des Menschseins wie Krankheit, Alter und Tod. Ihre Absicht ist es, in ungeahnter Weise die Wahrnehmungs- und Kommunikationsmöglichkeiten des Menschen zu erweitern. Kritiker*innen sehen in der Digitalisierung Vorteile, weisen aber auf Risiken hin. Sie drängen auf eine zunehmende Digitalisierung des Lebens, fordern jedoch Menschlichkeit als Kriterium ein. Sie treten für informationelle Selbstbestimmung und für den Schutz der Privatsphäre ein. Sie verlangen das Offenlegen geheimer Algorithmen, treten für Arbeitszufriedenheit und Sicherheit ein bis hin zu einem neuen Gesellschaftsvertrag, der ein bedingungsloses Grundeinkommen, aber auch eine andere Besteuerung der Internetunternehmen enthält. Auf keinen Fall wollen sie den Menschen komplett ändern.

2 Wie Christ*innen leben wollen

Wenn Christ*innen über grundlegende Fragen nachdenken, suchen sie Rat in der Bibel und in ganz besonderer Weise bei Jesus, der vom Zusammenleben der Menschen im Sinne Gottes erzählt. In seinen Gleichnissen gibt er Hinweise, wie wir leben sollen und leben können:

- Das Gleichnis vom barmherzigen Samariter (Lk 10,25–37) erzählt, dass Menschen immer wieder in Not geraten und auf Hilfe angewiesen sind, um wieder selbstbestimmt leben zu können. Ohne Nächstenliebe und Solidarität kann menschliches Zusammenleben nicht funktionieren.
- Das Gleichnis vom verlorenen Sohn (Lk 15,11–32) erzählt, wie sich Menschen verrennen und dabei den Glauben entwickeln, nichts mehr wert zu sein. Doch alle Menschen haben das Recht auf Achtung und Anerkennung ihrer Person – gleichgültig, wie man ist, was man kann oder was man sich geleistet hat.
- Das Gleichnis vom großen Gastmahl (Lk 14,15–24) erzählt, dass alle das Recht haben, an dem „großen Tisch" zu sitzen, satt zu werden und sich am Leben zu freuen.
- Das Gleichnis von den Arbeitern im Weinberg (Mt 20,1–15) erzählt, dass menschliches Zusammenleben Gerechtigkeit braucht. Es braucht gerechte Löhne, faire Verträge, aber auch eine rettende Gerechtigkeit, die dann eintritt, wenn Menschen sich nicht mehr selbst helfen können.
- Das Gleichnis vom Endgericht (Mt 25,31–46) erzählt, dass Arme, Schwache und Benachteiligte vorrangig Beachtung verdienen. Ohne Solidarität wird eine Gesellschaft unmenschlich.

Zu diesen biblischen Hinweisen für ein gutes Zusammenleben der Menschen gehört zudem der Schöpfungsauftrag (Gen 1,28; 2,15) und damit die Aufgabe, die natürliche Umwelt zu bewahren. „Und Gott der HERR nahm den Menschen und setzte ihn in den Garten Eden, dass er ihn bebaute und bewahrte." (Gen 2,15) Dazu gehört auch die Annahme der Geschöpflichkeit des Menschen (Gen 2,7): Menschliches Leben ist endlich. Dazu gehören Unvollkommenheit und Fehleranfälligkeit, dazu gehören auch Krankheit und der Tod. Und schließlich verdienen die Zehn Gebote Beachtung (2. Mose 20,1–17). Sie definieren Grundlagen eines Lebens in Freiheit und Solidarität.

3 Worauf es ankommt

Die Gestaltung der Digitalisierung verlangt die Klärung, aber auch die Beachtung der Lebensvorstellungen der Nutzer*innen. Zu diesen Vorstellungen sollte gehören, dass Menschen in Beziehungen leben und keine Einzelgänger sind. Alle haben das Recht auf Achtung und damit eine unveräußerliche Menschenwürde, aus der Grund- bzw. Menschenrechte folgern. Schwache sollten besondere Aufmerksamkeit bekommen, Ausgrenzungen sollten aufgehoben werden, wer in Not ist, sollte solidarische Hilfe bekommen, um wieder selbstständig werden zu können. Menschen sollten biologische Wesen bleiben. Auf Nachhaltigkeit ist zu achten, denn Digitalisierung verbraucht viel Energie. Entscheidend ist ein Leben in Frieden und Gerechtigkeit.

Glossar

Technische Begriffe

Artifical Intelligence (AI) / Künstliche Intelligenz (KI)
Bei AI bzw. KI (einem Teilgebiet der Informatik) geht es um automatisierte und relativ eigenständige, technische Vorgänge. Rechnersysteme werten dabei mit Hilfe von → *Algorithmen* große Mengen von Daten aus. Hier kann beispielsweise automatisiert nach Ähnlichkeiten, Unterschieden oder Gemeinsamkeiten gesucht werden. Dabei können sich die automatisierten Vorgänge gleichsam selbstständig verbessern. Man spricht auch von maschinellem Lernen (→ *Machine Learning*). Zu unterscheiden ist starke und schwache KI. Unter schwacher KI versteht man Programme, die sich nur mit einem Anwendungsgebiet beschäftigen. So ist es beispielsweise die Aufgabe eines Navigationsgerätes, die schnellste Route zu finden oder die Aufgabe eines Bilderkennungsprogramms, bestimmte Personen auf einem Bild zu erkennen. Ziel starker KI ist es, Systeme zu schaffen, die die gleichen intellektuellen Fertigkeiten von Menschen erlangen oder diese sogar übertreffen. Diese Art künstlicher Intelligenzsysteme handelt nicht nur auf Anweisung, sondern aus eigenem Antrieb intelligent und flexibel. Ob eine solche KI in Zukunft möglich ist, ist umstritten.

Algorithmus
ist ein Rechenvorgang, der in einer festgelegten Reihenfolge Anweisungen Schritt für Schritt ausführt, um ein Problem zu lösen. Solche Anweisungen können z.B. Suchanfragen oder Sortiermechanismen sein. Der Algorithmus muss in einer Programmiersprache niedergeschrieben („programmiert") werden, damit ein Computer in der Lage ist, die Anweisungen auszuführen. Beispiele für den Einsatz von Algorithmen sind die Vorhersage des Kaufverhaltens von Kund*innen oder die Klassifizierung von Emails in Spam oder Nicht-Spam. Algorithmen ist es heute bereits möglich, eigene Daten (z.B. Texte, Musik oder Verträge) aus vorhandenen Datensätzen selbstständig zu erstellen.

Android / Gynoid
vom altgriechischer aner, „Mensch" und eidos „Gestalt", ist ein Roboter, dessen Aussehen einem Menschen täuschend ähnlich sieht und der menschliches Verhalten mittels Mimik, Gestik und Sprache imitiert. Ein Androide ist ein besonderer → *humanoider Roboter*, im Gegensatz zum → *Cyborg* ist er ein rein künstliches Wesen.

Arbeit 4.0
leitet sich von „Industrie 4.0" ab und bezieht sich auf die vierte industrielle Revolution, die Ende der 1990er Jahre begonnen hat. Ausschlaggebend hierfür ist die intelligente Vernetzung von Maschinen und Abläufen in der Industrie mit Hilfe von Informations- und Kommunikationstechnologie. Die Arbeitsabläufe und -strukturen werden sich mehr und mehr diesen Veränderungen anpassen müssen. Der Begriff „Arbeit 4.0" fasst diese Entwicklung zusammen.

Augmented Reality (AR) / Virtuelle Realität (VR)
meint die computergestützte Erweiterung der Realitätswahrnehmung. „Virtuelle Realität" (VR) bezeichnet ein digitales, am Computer geschaffenes Abbild der Realität wie dies z.B. bei Computerspielen möglich ist. Eigene VR-Brillen lassen Nutzer*innen in eine neue, künstlich erschaffene Welt eintauchen mit anderen physikalischen Regeln, einer anderen Pflanzen- und Tierwelt oder auch andere Formen des Zusammenlebens. Die „Erweiterte Realität" (AR, Augmented Reality) koppelt digitales und analoges Leben. Manchmal funktioniert dies über die Kamera des Smartphones, zumeist ebenfalls über eine Datenbrille. Diese schottet die User*in nicht komplett von ihrer Umgebung ab, vielmehr werden in die Brille zusätzliche Informationen über das Umfeld eingeblendet. So kann beispielsweise einer Lagerarbeiter*in angezeigt werden, in welchem Regal das gesuchte Ersatzteil zu finden ist, oder einer Mechaniker*in nützliche Informationen über das technische Bauteil, das repariert werden soll.

Autonomes Fahren
beschreibt die Einteilung der Automatisierungsstufen von Fahrzeugen. Es werden dabei aktuell fünf Stufen unterschieden: 1. Das assistierte Fahren, 2. Das teilautomatisierte Fahren, 3. Das bedienungsautomatisierte Fahren, 4. Das hochautomatisierte Fahren, 5. Das vollautomatisierte Fahren.

Big Data
bezeichnet riesige Datenmengen, die sich anhand vier Eigenschaften beschreiben lassen: Datenumfang („volume"), Vielfalt der unterschiedlichen Datentypen und Datenquellen („variety"), Geschwindigkeit, mit der die Daten entstehen und ausgewertet werden („velocity"), Qualität der Daten („veracity"). Als fünfte Kenngröße etabliert sich zunehmend der Mehrwert von Daten („value"). Die Auswertung möglichst vieler detaillierter Daten erlaubt z.B. zielgruppengerechte Werbung, die Kontrolle und Überwachung einzelner Personen, Verhaltensvorhersagen mit Hilfe von Hochrechnungen, eine Simulation der Entwicklung von Pandemien oder Naturkatastrophen etc.

Chatbot / Social Bot
ist ein Dialogsystem, das mit Hilfe von Text- und Spracheingabe die Kommunikation mit einem technischen System durch → *KI* ermöglicht. Chatbots werden häufig eingesetzt, um Anfragen automatisiert und ohne direkten menschlichen Eingriff zu beantworten oder zu bearbeiten (Service-Bots). Social Bots sind meist vollautomatisierte Programme, die menschliche Kommunikation simulieren können. Gefährlich können diese Bots werden, wenn sie so programmiert sind, dass sie falsche Informationen oder Gerüchte massenhaft verbreiten. Manche Nutzer*innen können nicht erkennen, ob hinter einer Welle von Informationen zu einem Sachverhalt jeweils „reale" einzelne Menschen stehen oder tausende von Bots.

Car2Car-Communication (C2C) / Vehicle-to-Vehicle Communication (V2V)
bezeichnet den Austausch von Daten und Informationen zwischen Fahrzeugen und der Umgebung. Ein Ziel ist es, kritische und gefährliche Situationen frühzeitig zu erkennen und die beteiligten Verkehrsteilnehmer*innen zu warnen.

Clickbaiting / Clickbait
ist die Praxis, mit Hilfe eines „Klickköders", die Zugriffszahlen einer Webseite zu erhöhen und damit auch die Werbeeinnahmen zu steigern. Oft wird durch unglaubliche oder unerwartete Neuigkeiten die menschliche Neugier geweckt. Diese Methode, eingesetzt vor allem auch in sozialen Netzwerken, erlaubt es mit reißerischen Fake News Geld zu verdienen.

Clickworker*in
ist ein Sammelbegriff für User*innen, die auf einem digitalen Arbeitsmarkt im Internet freiberuflich ihr Fachwissen und Können anbieten, um sogenannte Mikrojobs wie z.B. das Programmieren einer Homepage gegen Honorar oder die besondere Klassifizierung von Videos und Bildern zu erledigen. Es sind Aufgaben die (bisher) noch nicht von Computern gelöst werden können. Viele Gewerkschaften sehen diese meist prekären Formen der Beschäftigung sehr kritisch.

Cloud / Cloud Computing
bezeichnet die Auslagerung von Speicherplatz, Rechenleistung oder Anwendungssoftware von einem lokalen Rechner auf einen externen Server, meist über das Internet, geräteunabhängig und als Dienstleistung. Das Angebot und die Nutzung dieser Computerressourcen erfolgt in der Regel über eine Datenschnittstelle.

Crash-Optimierungssystem
untersucht, inwieweit bei einem Unfall Personen in einem Fahrzeuginnenraum oder Personen außerhalb des Fahrzeugs besser geschützt werden können.

Cyborg
Der Begriff Cyborg (Cybernetic Organism) bezeichnet ein Lebewesen, das technisch ergänzt und erweitert wurde. Obwohl prinzipiell jede technische Erweiterung eines Menschen (Brille, Herzschrittmacher etc.) hierunter fallen könnte, werden typischerweise nur sehr außergewöhnliche Verbindungen, z.B. implantierte Chips oder andere Technik so bezeichnet. In Computerspielen und Filmen sind Mischwesen aus Mensch und Maschine allgegenwärtig.

Deep fake
setzt sich aus den Begriffen „Deep Learning" und „Fake" zusammen. Mit Hilfe von → *KI* werden realistisch wirkende Medieninhalte (Foto, Audio, Video) erstellt. Sie sind aber so täuschend ähnlich, dass man nur mit einer genauen Untersuchung feststellen kann, dass diese nichts mit der Realität zu tun haben.

Digital Natives / Digitial Immigrant / Digitial Outsider
Als Digital Natives wird eine Personengruppe bezeichnet, die von Anfang an in einer digitalen Welt aufgewachsen ist. Als Digital Immigrant wird die Personengruppe bezeichnet, die entweder als Jugendliche oder Erwachsene diese Medien kennengelernt hat. Digital Outsider sind Gruppen, die (bewusst entschieden oder aufgrund äußerer Bedingungen) außerhalb der digitalen Welt leben wollen oder müssen. Es ist wichtig zu wissen: alle Zuschreibungen, Digital Natives haben schlechtere soziale Fähigkeiten, sind besser im Bereich Multitasking, haben eine grundsätzlich bessere Intuition mit digitalen Medien umzugehen, können sich leichter auf neue Software einstellen etc. konnten sich in keiner Studie beweisen lassen.

Digitale Ethik
Digitale Ethik befasst sich mit den Auswirkungen der zunehmenden → *Digitalisierung* auf die gesamte Gesellschaft. Sie sucht nach angemessenen Regeln, Normen und Werten für Haltungen und Handlungsweisen in der digitalen Welt. Dabei reflektiert sie moralische Ansätze oder Vorgehensweisen und befragt diese auf ihre jeweiligen Auswirkungen. Als Teilgebiet der Angewandten Ethik ergeben sich Überschneidungen zur Informations-, Technik-, und Medienethik.

Digitalisierung / Digitalität
beschreibt allgemein den fortschreitenden Einzug von informationstechnischen, rechnerbasierten Systemen in sämtlichen Bereichen menschlichen Lebens und die sich daraus ergebenden Veränderungen (digitaler Wandel).

Digitalität
Während → *Digitalisierung* vor allem die technische Entwicklung beschreibt, beleuchtet der Begriff stärker die sozialen und kulturellen Veränderungen wie beispielsweise veränderte Lebensmodelle, eine veränderte Partner*innensuche, andere Formen von Identität, andere Formen von Mode etc. Ein solcher Digital Lifestyle hat immer auch direkte Auswirkungen auf das analoge Leben: Wie ich Musik erwerbe und höre, hat Auswirkungen darauf wie Musik produziert wird.

Digitial Literacy / Digitiale Kompetenz / Digitale Grundbildung
bezeichnet die Inhalte und Kompetenzen, deren Aneignung für die Teilhabe an einer digitalen Welt notwendig sind. Dazu gehören:

- Informationen (online wie offline) finden, auswerten, auswählen und in ihrem Mehrwert einschätzen können, zudem auch selbst Informationen erstellen und präsentieren können (Informationskompetenz);
- Technologien so nutzen können, dass diese in Bezug auf personenbezogene Daten datensparsam sind (Datenkompetenz);
- Soziale Medien mit ihren Chancen und Risiken bewerten können, aber auch die Fähigkeit, in sozialen Netzen arbeiten zu können. U.a. gehört hierzu auch die Kompetenz, Informationsblasen erkennen und dekonstruieren zu können (Netzwerkkompetenz);
- die technologischen Grundlagen und die Funktionsweise der aktuellen Anwendungen erklären können (technologische Kompetenz);
- Elemente der visuellen Kommunikation erläutern und mehrdimensionale Kompositionen (Bild, Audio, Video ...) deuten können (Ikonographische Kompetenz oder Bildkompetenz);
- verschiedene Sozialformen im Netz und deren Auswirkungen auf das offline-Leben beschreiben und einen Standpunkt dazu beziehen können (Digitale Sozialkompetenz).

Filterblase / filter bubble
bezeichnet den Sachverhalt, dass Algorithmen durch die Analyse eines bestimmten Medienverhaltens, z.B. der Nutzung von bestimmten Webseiten, der Aufenthaltsdauer auf einem Post oder der Blickrichtung beim Lesen eines Textbeitrags, vorhersagen, was die Person wohl zukünftig interessiert. Suchergebnisse werden personalisiert, d.h. ein → *Algorithmus* analysiert nun Prioritäten und zeigt ähnliche Inhalte, die beispielsweise andere User*innen mit einem ähnlichen Nutzungsverhalten geliked oder kommentiert haben. Widersprechende Informationen werden häufig automatisch ignoriert. Nach welchen Kriterien ein Algorithmus arbeitet, hängt von der jeweiligen Plattform ab. Die meisten Unternehmen halten den Programmiercode ihrer → *Algorithmen* geheim. Eine solche einseitige Berichterstattung, die unter Umständen nur schwer zu erkennen sein kann, kann dazu führen, dass die eigene Weltansicht verstärkt wird und die Möglichkeit einer umfassenden Reflexion eines Themas entfällt.

Gatekeeper
bezeichnet in der Kommunikationswissenschaft eine Instanz, die entscheidet, welche Informationen ausgewählt und dargestellt werden und welche nicht. In der Regel sind damit Journalist*innen gemeint, zunehmend wird diese Aufgabe aber von spezialisierten Computerprogrammen mit Hilfe von → *KI* übernommen.

Hate Speech / Counter Speech
Der englische Begriff „hate speech" bedeutet übersetzt „Hassrede". In menschenverachtenden Aussagen werden Einzelne oder Gruppen abgewertet und angegriffen, oft durch rassistische, antisemitische oder sexistische Kommentare. Im Internet kann dies in einer Spirale aus sich verstärkenden Hassbotschaften münden und dadurch ein Klima entstehen lassen, in dem Diskriminierung und Gewalt gegen bestimmte Gruppen legitim erscheint. Die Grenze zwischen freier Meinungsäußerung und Volksverhetzung ist (je nach Land und rechtstaatlichen Rahmenbedingungen) fließend. In der BRD findet das Grundrecht der Meinungsfreiheit seine Grenzen, sobald die individuelle Menschenwürde angegriffen wird. Gegenrede (Counter Speech) geht mit Anfeindungen im Netz um, indem zur Solidarität mit den herabgesetzten Personen oder Gruppen aufgerufen wird und indem mit Humor, Scharfsinn und starken Argumenten widersprochen wird.

Hologramm
ist ein Verfahren, das Objekte so darstellt, dass Betrachter*innen den Eindruck erhalten, dass ein dreidimensionales realitätsnahes Bild sichtbar ist. Aktuell ist es möglich, durch besondere Laser- und Bildtechnologien, Personen oder Dinge im realen Raum darzustellen und mit diesen zu sprechen oder ihnen bei einer Tätigkeit zuzusehen.

Humanoide (Roboter)
sind Roboter, deren Konstruktion der menschlichen Gestalt nachempfunden ist. Sie haben meist eine körperliche Gestalt mit einem Rumpf, einem Kopf mit Gesicht oder mit Greifwerkzeugen, deren Bewegungsabläufe durch menschliche inspiriert sind. Ein dem Menschen besonders ähnliche Form des humanoiden Roboters nennt man → *Androide*. Bekannte humanoide Roboter sind „Atlas" und „Pepper".

Influencer
ist von dem englischen Wort „to influence" abgeleitet und bedeutet, jemanden zu beeinflussen. Seit Mitte der 2000er Jahren werden so Personen und zunehmend auch Programme (→ *KI*) bezeichnet, die in sozialen Netzwerken durch und mit ihrem Lebensstil andere beeinflussen, bzw. für Produkte werben wollen. Die digitale Reichweite ist nicht zu unterschätzen – die finanziellen Verdienstmöglichkeiten werden aber meist überschätzt. Zur Zeit der Drucklegung ist auch zu erkennen, dass die große Zahl der Influenzer*innen diesen Markt mehr als gesättigt haben.

Internet der Dinge / Internet of Things (IoT) / Internet of Everything (IoE)
bezeichnet die digitale Vernetzung von Alltagsgegenständen (z.B. Käse oder Frischmilch im Kühlschrank ...) mit Maschinen (z.B. Kühlschrank, Waschmaschine, Aufzug, Smartphone ...). Internet-verbundene Geräte verwenden eingebaute Sensoren, um Daten zu sammeln und darauf zu reagieren. Als Weiterentwicklung sind beim Konzept des IoE zusätzlich Personen, Prozesse und Datenpakete in die Kommunikation mit eingebunden. Mit Hilfe von Geräten wie → *Wearables* oder Kameras werden zusätzliche Informationen bereitgestellt, gemeinsam erfasst und mit Hilfe von → *KI* personenbezogen analysiert.

Künstliche neuronale Netze (KNN)
Hier handelt es sich um eine Technologie, die die Abstraktion von Informationsverarbeitung mit einem Modell beschreibt, das dem neuronalen Netz des menschlichen Gehirns nachempfunden ist. In der Anwendung geht es hauptsächlich um die Verarbeitung von sehr großen Datenmengen (→ *Big Data*). Anwendungsgebiete dieser Technologie sind die Spracherkennung oder das Erstellen von Klimavorhersagen. Jeder Verarbeitungsknoten hat einen eigenen kleinen Wissensbereich und ist mit vielen anderen vernetzt. Diese können sich im „Lernprozess" (→ *Deep Learning*) ständig verändern.

Machine Learning / Deep Learning
Maschinelles Lernen ist ein Teilbereich der → *KI*-Forschung. Mehrschichtige Algorithmen analysieren aus vorliegenden Beispieldaten Modelle, die dann auf neue, zuvor noch nicht gesichtete Daten angewendet werden können. Deep Learning ist eine Form des Maschinellen Lernens und nutzt → *künstliche neuronale Netze*, um Datensätze zu analysieren. Bei vielen Verfahren der künstlichen Intelligenz werden diese Verfahren eingesetzt. Der Begriff „lernen" ist dabei hinsichtlich Maschinen umstritten, da dieser Begriff bis vor kurzem vor allem für biologische Systeme (Menschen, Tiere etc.) gebraucht wurde.

Meme
Schlagwortartige Aussage in Bild- oder Videoform, dessen Ziel es ist, eine hohe Verbreitung im Internet zu erreichen; ein zentrales Element der Netz- und im Speziellen der → *Social-Media*-Kultur. Oftmals sind die Inhalte satirisch oder auch humoristisch. Viele Meme haben als Hintergrund ein Bild einer prominenten Persönlichkeit oder ein Tier und einen Schriftzug, der eine bestimmte Aussage pointiert. Sehr bekannt ist z.B. das Bild von James T. Kirk (William Shatner) mit dem Text: „Beam me up, Scotty – there ist no intelligent life on this planet."

Mikrochip / CPU / GPU
CPUs sind Hauptprozessoren in einem Rechner (= zentraler Teil eines Computers, der das Rechenwerk und das Steuerwerk enthält), GPUs sind Grafikprozessoren, die vor allem Programmschritte parallel durchführen können und deshalb für AI-Anwendungen unverzichtbar sind.

Microtargeting
bezeichnet eine Kommunikationsstrategie, die mit Hilfe statistischer Analysen → *Big Data* Menschen mit auf sie zugeschnittenen Inhalten anspricht → *Filterblase*. So können politische Botschaften oder Werbung oft wirkungsvoller platziert werden.

Nanobots
sind kleinste autonome Maschinen (Robots), die sich z.B. durch den menschlichen Blutkreislauf bewegen sollen, um Krankheitsherde wie Krebszellen aufspüren und „reparieren" zu können. Diese Technologie ist heute noch nicht verfügbar. Mögliche Prototypen haben die Größe eines Streichholzkopfes.

Neuro-Enhancement
Damit werden Verfahren bezeichnet, die eine Erweiterung oder Steigerung der menschlichen Fähigkeiten (Sensorik, Motorik und auch Kognition) meist bei gesunden Menschen zum Ziel hat. Umgangssprachlich wird dies auch fälschlicherweise als „Hirndoping" bezeichnet.

Novozän
wurde vor allem durch James Lovelock geprägt: Er ist der Meinung, dass das Anthropozän (die aktuelle geochronologische Epoche, in dem vor allem der Mensch die Erde massiv beeinflusst) in baldiger Zeit durch das Novozän abgelöst wird. Er prognostiziert, dass eine hochentwickelte AI weite Teile der Organisation der gesamten Welt übernehmen und auch die Welt vor dem Untergang retten könnte.

Pishing
bezeichnet Verfahren über gefälschte Informationen (Websites, Emails etc.) Nutzerdaten zu erlangen, um in

der Regel kriminelle Aktionen ausführen zu können. Der Diebstahl von Identitäten und Kreditkartennummern ist meist das Ziel dieser Aktionen.

Reptiloide
sind Wesen, u.a. aus der Science-Fiction-Literatur, die optisch Reptilien nachempfunden sind. Diese Wesen können außerirdischen Ursprungs sein. Reptiloide spielen bei Verschwörungstheorien eine zentrale Rolle. So werden Politiker*innen oftmals durch Verfremdung eines Bildes (→ *Deep fake*) mit reptilienartigen Zügen ausgestattet.

Scoring (social)
Unter Scoring werden mathematische und statistische Modelle bezeichnet, um Personen hinsichtlich ihres erwartbaren Verhaltens einzuschätzen. Der Scoringwert kann beispielsweise Einfluss auf die Kreditwürdigkeit haben oder auf die Geschwindigkeit, wie eine Anfrage bei einer Firma abgearbeitet wird. Wenn eine Person „wertvoll" im Sinne des Scorings der Firma ist, werden Anfragen und Wünsche schneller bearbeitet, um den „wertvollen" Kunden schneller zufrieden zu stellen. Diese statistischen Verfahren können auch für andere Bereiche eingesetzt werden. Eine besondere Form ist das Social Scoring, das Sozialkreditsystem, wie es u.a. in China eingesetzt wird. Wünschenswertes Verhalten im Sinne der vorherrschenden politischen Meinung wird belohnt (mit z.B. günstigeren Zugtickets), negatives Verhalten wird bestraft (z.B. durch ein Reiseverbot).

Self-Tracking / Tracking
bezeichnet die Erfassung von Daten, die die eigene Person betreffen. Unter Zuhilfenahme von Sensoren oder Trackern werden in kurzen Abständen Daten über den Körper oder sonstige Aktivitäten gesammelt. Viele nutzen diese Technik, um Beschwerden oder Krankheiten besser verstehen zu können, andere um sich selbst zu optimieren. Auch auf Webseiten werden Tracker verwendet. Bekanntes Beispiel hierfür sind Cookies – das sind Textinformationen, die ein Browser auf einem Endgerät installiert, um sich Einstellungen und Surfverhalten auf einer Webseite zu merken. Tracking gibt es schon lange im Bereich des GPS bei Fahrzeugen oder bei jedem Smartphone, das seine Standortdaten an einen Server sendet.

Singularität (technologische)
Ein aus der Physik in die Diskussion über die technologische Zukunft des Menschen übernommener Begriff, der außergewöhnliche und besondere Entwicklungen, Umstände oder Gegebenheiten beschreibt, die noch nicht bekannt oder definiert sind. Einige Visionäre aus dem Bereich der → *AI*-Forschung bezeichnen damit einen Zeitpunkt in der Zukunft, am dem die → *AI* so weit entwickelt sein wird, dass sie die Menschen in allen Belangen übertrifft. Vor allem im Trans- und Posthumanismus ist diese Theorie sehr beliebt, weil mit ihr technische Formen der Unsterblichkeit verwirklichbar sein sollen.

Social Media
sind digitale Medien und Technologien, über die es möglich ist, via Internet mit anderen in Kontakt zu treten. Kernidee ist die, dass alle User*innen sowohl Sender*innen als auch Empfänger*innen sein können („user generated content"). Grob gesagt lassen sich vier überschneidende Segmente identifizieren: Blogs oder blogähnliche Plattformen (z.B. Microblogs wie Twitter), Soziale Netzwerke (z.B. Facebook, Instagram), Plattformen zum Bereitstellen und Teilen von Inhalten (z.B. Youtube, TikTok) und Informationen (z.B. Wikipedia). Das Engagement oder zumindest die Partizipation an Sozialen Medien gehört für viele Menschen heute zu den medialen Grundbedürfnissen.

Todesalgorithmus
Der Begriff bezeichnet ein bekanntes Dilemma der → *KI*-Forschung. Ein selbstfahrendes Auto befindet sich in einer Grenzsituation, die sofort entschieden werden muss. Das Auto fährt ungebremst auf unterschiedliche Personengruppen zu. Egal welche Entscheidung getroffen wird, es wird immer jemand zu Tode kommen. Da auch bei der völligen Vernetzung der Automobile (→ *autonomes Fahren*) Unfallsituationen möglich sind, besteht nun die Frage, ob und wie der Algorithmus entscheidet und wer für diese Entscheidung verantwortlich ist. Ob ethische Überlegungen (→ *Ethik*) relevant sind oder nicht, ist genauso umstritten, wie die Frage der Verantwortlichkeit. Ähnliche Dilemmasituationen finden sich beim Einsatz von KI in der Medizin.

Turing-Test
Alan Turing wollte mit diesem Test erweisen, ob eine Maschine und ein Mensch das gleiche „Denkvermögen" haben. Bei seinem Test kommunizieren eine Versuchsperson, ein Mensch und eine Maschine miteinander. Wenn nun eine große Anzahl von Versuchspersonen die Maschine für einen Mensch halten, gilt der Test als bestanden. Ob das eine Maschine schon erreicht hat, ob die Zuschreibung eines Menschen, dass dies keine Maschine, sondern ein Mensch ist oder ob mit dieser Versuchsanordnung das überhaupt erwiesen werden kann, ist umstritten.
Manchmal begegnen User*innen im Internet einem Test, der im weitesten Sinne auf Turing zurückgeführt werden kann. Hier trifft man auf einen Webseitendialog, der sicherstellen soll, dass man keine Maschine ist, indem man Zahlen oder Buchstaben identifiziert. Der Test heißt CAPTCHA (Completely Automated Public Turing Test to tell Computers and Humans Apart).

Verschwörungstheorie / Verschwörungerzählung
versucht den gegenwärtigen, oft problembehafteten und negativen Zustand der Welt auf das Wirken besonderer Mächte zurückzuführen. Diese Gruppen und Akteure haben die Macht, das Geschehen der gesamten Welt zu beeinflussen, aber ihr Handeln zu verschleiern. Personen, die Verschwörungserzählungen glauben, sind oft der Meinung, dass nichts zufällig ist, dass öffentliche Informationen oder das allgemein Offensichtliche die Wahrheit nur verschleiert und dass alles einem Plan folgt und alles auch miteinander verbunden ist. Nur wenige Personen durchschauen dies und versuchen, die Mehrheit der anderen Menschen (die sog. Schlafschafe) aufzurütteln.

Wearables
ist am Körper getragene Computertechnologie wie Smartwatches, Fitnessarmbänder und digitale Brillen, die auf die User*in bezogene Daten sammelt und verarbeitet.

Biblisch-theologische Begriffe

Bibel
Die Bibel besteht aus 66 Büchern, die in zwei Teilen – dem Alten und Neuem Testament – vorliegen. Die Bücher reden auf unterschiedliche Weise von Erfahrungen, die Menschen in verschiedenen Zeiten mit → *Gott* gemacht haben. Die Bücher wollen diese Erfahrungen anderen zu verstehen geben. Christinnen und Christen gehen davon aus, dass in der persönlichen Begegnung mit biblischen Texten Gottes Wort zu vernehmen ist. Dieses besteht in Trost und Orientierung für das persönliche und gemeinsame Leben.

Der christliche Glaube
Der christliche Glaube sucht Trost und Orientierung in der → *Bibel*. Sie ist die „Heilige Schrift". Der christliche Glauben orientiert sich an → *Jesus Christus*, in dem der → *Gott* der Liebe sein → *„Ebenbild"* gezeigt hat. Er ist einerseits Vorbild (wahrer Mensch) und zugleich Gottes wahres Bild (wahrer Gott). Zum Glauben gehören Vertrauen und Handeln. Der christliche Glaube vertraut darauf, dass Gott mit Menschen durch das Leben geht und sie nicht für alles sorgen müssen. Er geht davon aus, dass Menschen in ihrem Tun und Lassen Gott verantwortlich sind – und in den Texten der Bibel Impulse für ein gutes Leben zu finden sind.

Ebenbild Gottes
Jeder Mensch ist dazu bestimmt, in seinem Leben → *Gott* auf menschliche Weise zu repräsentieren. Dazu muss er immer wieder auf Gott schauen und hören. Diese Bestimmung macht jeden Menschen zu einem besonderen Wesen und begründet sein Recht auf Respekt und Anerkennung. Darin liegt seine Menschenwürde begründet. Als Ebenbild Gottes hat der Mensch den Auftrag, die Welt und das Leben in Entsprechung zu Gott zu gestalten.

Ethik
Im Leben geht es immer wieder um moralische Entscheidungen. Da muss man entscheiden, was gut oder schlecht, richtig oder falsch ist. Grundlage dieser Entscheidungen ist auf der einen Seite die konkrete Situation, auf der anderen Seite die eigenen Überzeugungen von Gut und Böse und die damit verbundenen Regeln und Normen. Diese Regeln und Normen bilden die Moral eines Einzelnen oder einer Gruppe. In der Ethik werden diese Regeln und Normen und der damit verbundene Urteilsprozess theoretisch reflektiert. Welche Regeln und Normen sind besonders wichtig – und warum? Wie sind sie zu verstehen? Wie gelangt man zu einer moralischen Entscheidung? Was ist dabei zu beachten?

Das Gebot der Nächstenliebe
Das Gebot der Nächstenliebe gilt als die Zusammenfassung christlicher → *Ethik*. Es ist eigentlich ein Dreifachgebot, denn es heißt: Du sollst → *Gott* deinen Herrn lieben und deinen Nächsten wie dich selbst. Was Nächstenliebe heißt, zeigt das Gleichnis vom barmherzigen Samariter. Das Dreifachgebot geht davon aus, dass die Zuwendung zu dem Notleidenden den Glauben an die Liebe voraussetzt, die das Neue Testament mit Gott gleichsetzt. Es zeigt aber auch, dass die Nächstenliebe immer auch die Annahme seiner selbst mit seinen Möglichkeiten Grenzen braucht.

Gott
Das Wort Gott bezeichnet das, was hinter der → *Wirklichkeit* steht, alles zusammenhält und deshalb unbedingt Beachtung verdient. Um das entdecken zu lassen, erzählt die → *Bibel* von dem Gott, der Himmel und Erde erschaffen hat, der das Volk Israel aus Ägypten geführt und durch die weitere Geschichte geleitet hat, der sich in dem Menschen → *Jesus* von Nazareth anschaulich gemacht hat und in dem Geist der Liebe, des Friedens der Gerechtigkeit, die Einzelnen und Gemeinschaften ergreift. Es ist der Gott, der jeden Menschen als sein Kind erwählt hat, Menschen auf ihrem Lebensweg begleitet und einen neuen Himmel und eine neue Erde erschaffen will. Dieser Gott ist in seinem inneren Wesen Liebe. Wenn Gott als dreifaltig und dreieinig bezeichnet wird, meint das, dass Gott auf dreifache Weise zu erfahren ist (in → *Schöpfung* und Geschichte, in Jesus Christus, im Heiligen Geist) und in sich selbst Beziehung ist.

Jesus Christus
Die → *Bibel* erzählt, dass sich in dem Leben und in der Geschichte des Menschen → *Jesus* von Nazareth Gott, der die Liebe ist, anschaulich gemacht hat. Das macht den Sohn

von Maria und Josef zum „Sohn Gottes". Er hat Menschen in Worten und Taten → *Gott* erfahren lassen und viele von ihnen von einem falschen Gottesbild befreit. Das machte ihn zum Retter (Christus = Messias = Retter). Auch sein Tod und seine Auferstehung machen anschaulich, wie Gott ist. Es ist ein Gott, der nicht wegrennt, wenn Leid und Tod kommen. Es ist ein Gott, der Menschen nicht dem Tod überlässt, sondern auch nach dem Tod ein neues, ganz anderes Leben verspricht.

Rechtfertigung des Sünders
Wenn man in einer Beziehung einen Fehler macht, muss man sich vor anderen „rechtfertigen". Man muss dann Gründe für sein Handeln angeben. Um „gerechtfertigt zu werden" – und damit wieder anerkannt zu werden – braucht es ein Urteil, zu dem eine Strafe gehören kann, die man „verbüßen" muss. In der Rechtfertigung geht es also um die Heilung von gebrochenen Beziehungen. → *Jesus* sagt: → *Gott* gibt seine Anerkennung und damit Rechtfertigung im Voraus und gratis. Jede und jeder kann und darf sich, wenn er/sie ein Fehler gemacht hat, in die Arme Gottes fallen lassen – und kann dann offen zugeben, was er/sie angestellt hat. Das macht das Geschehene nicht ungeschehen, nimmt aber dem, was geschehen ist, die Macht, das weitere Leben zu bestimmen.

Reich Gottes
Alles, was → *Jesus Christus* gesagt und getan hat, hat mit dem Reich Gottes zu tun. Jesus erzählt von einer anderen Welt, in der Kranke geheilt, Hungrige gespeist, Schuldigen vergeben, Gefangene befreit, Arme ihr Recht bekommen und → *Sünder**innen als Personen bedingungslos anerkannt sind. In seinem Handeln hatte diese andere Welt in kleinen Portionen „zu schmecken" gegeben. Er sagt: Das Reich Gottes kommt – und ist jetzt schon da. Deshalb gehen Christinnen und Christen davon aus, dass die neue Welt erst noch kommt, aber jetzt schon zu erfahren ist – und auch gestaltet werden kann.

Schöpfung
Schöpfung ist die ganze Welt, von Anfang bis Ende. Sie ist von → *Gott* gewollt und enthält eine lebensfreundliche Grundstruktur (Schöpfungsgeschichte). Sie ist in ihrer Geschichte trotz Katastrophen und Leid von Gott begleitet und gehalten. Sie soll am Ende der Tage nicht untergehen, sondern in eine neue Welt verwandelt werden.

Sünde
Sünde meint ohne den → *Gott*, der Liebe ist, leben zu können oder leben zu müssen. So gesehen ist Sünde Gottlosigkeit. Sie zeigt sich in dem Glauben, Liebe sei sinnlos oder man müsse sich Liebe erst verdienen. Dass das ein Irrtum ist, erzählt das Gleichnis vom verlorenen Sohn.

Wirklichkeit
Wirklichkeit bezeichnet das gesamte Dasein mit all seinen Elementen und Aspekten. Dazu gehört nicht bloß, was sinnlich wahrnehmbar und deshalb „real" ist, sondern all das, „was es gibt" und all das „was wirkt". Dazu gehören auch Zahlen und Zusammenhänge, mit denen Menschen Wirklichkeit begreifen, Ideen, Pläne, Träume, Ängste und Vorstellungen, die das Handeln leiten sowie Empfindungen und Sinndeutungen, die sich in Erfahrungen und Gesprächen aufdrängen. Wenn man genau hinschaut, merkt man, dass sich die Wirklichkeit „an sich" gar nicht erfassen lässt, denn wie die Wirklichkeit „ist", hängt von der Art und Weise ab, wie man sich der Wirklichkeit zuwendet. Naturwissenschaftler*innen gewinnen eine andere Sicht der Wirklichkeit als Künstler*innen oder Verliebte. Es gibt Wirklichkeit nur im Plural. Verschiedene Zugänge führen zu verschiedenen Sichtweisen der Wirklichkeit. Wer nach dem Sinn des Ganzen sucht, muss andere Wege gehen als der, der Ursache-Wirkungszusammenhänge erforscht. Wenn wir miteinander über unser Verständnis von Wirklichkeit sprechen, müssen wir immer dazu sagen, wie wir uns der Wirklichkeit zugewendet haben und was uns dabei bewegt hat. Ob und inwieweit das „wahr" ist, entscheidet sich letztlich daran, ob es ein sinnvolles Leben eröffnet und sich im Zusammenleben bewährt.